MIX
Papier aus verantwortungsvollen Quellen
Paper from responsible sources
FSC® C105338

Sandra Mahlke

Das Machtverhältnis zwischen Mensch und Tier im Kontext sprachlicher Distanzierungsmechanismen

Anthropozentrismus, Speziesismus und Karnismus in der kritischen Diskursanalyse

Diplomica Verlag GmbH

Mahlke, Sandra: Das Machtverhältnis zwischen Mensch und Tier im Kontext sprachlicher Distanzierungsmechanismen: Anthropozentrismus, Speziesismus und Karnismus in der kritischen Diskursanalyse, Hamburg, Diplomica Verlag GmbH 2014

Buch-ISBN: 978-3-8428-9140-1
PDF-eBook-ISBN: 978-3-8428-4140-6
Druck/Herstellung: Diplomica® Verlag GmbH, Hamburg, 2014
Covermotiv: Pixabay

Bibliografische Information der Deutschen Nationalbibliothek:
Die Deutsche Nationalbibliothek verzeichnet diese Publikation in der Deutschen Nationalbibliografie; detaillierte bibliografische Daten sind im Internet über http://dnb.d-nb.de abrufbar.

Das Werk einschließlich aller seiner Teile ist urheberrechtlich geschützt. Jede Verwertung außerhalb der Grenzen des Urheberrechtsgesetzes ist ohne Zustimmung des Verlages unzulässig und strafbar. Dies gilt insbesondere für Vervielfältigungen, Übersetzungen, Mikroverfilmungen und die Einspeicherung und Bearbeitung in elektronischen Systemen.

Die Wiedergabe von Gebrauchsnamen, Handelsnamen, Warenbezeichnungen usw. in diesem Werk berechtigt auch ohne besondere Kennzeichnung nicht zu der Annahme, dass solche Namen im Sinne der Warenzeichen- und Markenschutz-Gesetzgebung als frei zu betrachten wären und daher von jedermann benutzt werden dürften.

Die Informationen in diesem Werk wurden mit Sorgfalt erarbeitet. Dennoch können Fehler nicht vollständig ausgeschlossen werden und die Diplomica Verlag GmbH, die Autoren oder Übersetzer übernehmen keine juristische Verantwortung oder irgendeine Haftung für evtl. verbliebene fehlerhafte Angaben und deren Folgen.

Alle Rechte vorbehalten

© Diplomica Verlag GmbH
Hermannstal 119k, 22119 Hamburg
http://www.diplomica-verlag.de, Hamburg 2014
Printed in Germany

Inhaltsverzeichnis

0. Einleitung: Aufbau und Ziel der Arbeit 1
1. Methode: Kritische Diskursanalyse 3
   - 1.1. Begriffseinordnung „Diskurs" – Text als gesellschaftliches Phänomen 4
   - 1.2. Disziplinäre Einordnung der KDA 4
   - 1.3. Machtausübung durch den Transport von Ideologien im Diskurs 5
   - 1.4. Was bedeutet *kritische* Diskursanalyse? 8
2. Theoretischer Hintergrund für eine Kritik 10
   - 2.1. Ideologischer Ausgangspunkt: Ökolinguistik 10
     - 2.1.1. Begriffseinordnung „Ökologie" 10
     - 2.1.2. Ökologie in der Linguistik 11
   - 2.2. Gesellschaftliche Beziehungen: Verhältnis Mensch – Tier 12
     - 2.2.1. Anthropozentrismus vs. Physiozentrismus 13
     - 2.2.2. Speziesismus 14
       - 2.2.2.1. Leidensfähigkeit 18
     - 2.2.3. Karnismus 19
       - 2.2.3.1. Kategorisierung „essbare" und „nicht-essbare" Tiere 20
       - 2.2.3.2. Kognitive Dissonanz 24
         - 2.2.3.2.1. Verantwortungsverschiebung 26
       - 2.2.3.3. Die fehlende Verknüpfung/ der abwesende Referent 28
3. Anthropozentrismus in der Sprache 31
   - 3.1. Distanzierender Sprachgebrauch 32
     - 3.1.1. Vergegenständlichung/Desubjektivierung 33
     - 3.1.2. Instrumentalisierung 37
     - 3.1.3. Anonymisierung und Entindividualisierung 38
     - 3.1.4. Euphemismen 41

		3.1.5. Abwertung	42
4.	Analyseteil		46
	4.1. Zur Auswahl des Textkorpus		46
	4.2. Vorgehen		46
	4.3. Jagdjargon		47
		4.3.1. Text des BMELV	47
		4.3.2. Jagdbericht des Landes Brandenburg	49
		4.3.3. Verantwortungsverschiebung im Jagdkontext	51
		4.3.4. Versachlichung im Jagdjargon	52
	4.4. Texte der tierischen Nahrungsmittelindustrie		52
		4.4.1. Fazit	61
	4.5. Vergleich von Texten über Heimtiere und Nutztiere		63
		4.5.1. Verunglückte Welpen	63
		4.5.2. Tiertransporte mit Nutztieren	65
		4.5.3. Fazit Vergleich	68
	4.6. Vorschläge für einen alternativen Sprachgebrauch		69
	4.7. Relevanz der kritischen Diskursanalyse für die Übersetzungswissenschaft		74
5.	Ausblick		76
6.	Quellenverzeichnis		77
	6.1. Literaturverzeichnis		77
	6.2. Textkorpus		83
7.	Anhang		85

Danksagung

Ein ganz besonderer Dank gilt meiner Betreuerin Frau Gunhilt Perrin. Ihre zeitliche und themenbezogene Flexibilität sowie ihre fachliche und warmherzige Unterstützung haben wesentlich zur Entstehung der Arbeit beigetragen. Vor allem danke ich auch meinen lieben Eltern und Geschwistern und meinem Ehemann für ihr Verständnis und ihre Hilfe. *Last but not least* danke ich auch allen, die mir bei der Literaturrecherche behilflich waren, sich Gedanken gemacht und mir Anregungen gegeben haben.

0. Einleitung: Aufbau und Ziel der Arbeit

In der vorliegenden Untersuchung geht es um die Rolle des Diskurses beim Mensch/Tier-Verhältnis. Unser Umgang mit Tieren soll kritisch hinterfragt werden, indem der Sprachgebrauch in Bezug auf Tiere analysiert wird. Hierzu soll die Methode der *Kritischen Diskursanalyse* (KDA) angewendet werden. In Kapitel 1 wird diese Methode vorgestellt. Die KDA wurde unter anderem dazu entwickelt, aufzudecken, wie gesellschaftliche Machtverhältnisse sich in Diskursen widerspiegeln. Man nimmt an, dass Machtverhältnisse durch den Transport ideologischer Annahmen im Diskurs reproduziert und gefestigt werden. Im Hinblick auf Nutztiere besteht ein solches Machtverhältnis auf zwei Ebenen: Einerseits werden die Tiere direkt physisch vom Menschen dominiert, andererseits setzt dieses Unterdrückungsverhältnis das implizite Einverständnis der Verbraucher voraus, welches – so lautet die Hypothese – zum Teil mittels diskursiver Mittel erzeugt wird.

Um im Rahmen einer Diskursanalyse an besagtem Machtverhältnis Kritik üben zu können, muss der eigene Standpunkt bewusst eingenommen und selbstreflektiv durchleuchtet werden. In Kapitel 2 sollen daher ethische Überlegungen zum Mensch-Tier-Verhältnis angestellt werden, die dann die Grundlage für eine Kritik am *status quo* bieten sollen. Dabei werden die Konzepte *Anthropozentrismus* und *Speziesismus* erläutert, die als ethische Vorstellung gemein haben, dass der Mensch Vorrang vor anderen Lebensformen habe. Als Alternativen dazu werden die Konzepte *Ökologie* und *Physiozentrismus* bzw. *Pathozentrismus* vorgestellt, denen ein Weltbild zugrunde liegt, das die moralische Gleichwertigkeit aller lebenden Organismen beschreibt. Bei der in der vorliegenden Arbeit durchgeführten kritischen Diskursanalyse wird von einem *öko-pathozentrischen* Standpunkt ausgegangen. Bezüglich des Begriffs *Karnismus* wird erläutert, wie die konzeptuelle Kategorisierung von Tieren in „essbar" und „nichtessbar" von einer ambivalenten, teils widersprüchlichen Haltung des Menschen gegenüber Tieren zeugt: Manche Tiere werden nur gestreichelt, andere werden gegessen. In diesem Zusammenhang wird auch das Konzept der *Kognitiven Dissonanz* vorgestellt, das ein Störgefühl beschreibt, das auftreten kann, wenn bei einem Individuum Denken und Handeln logisch nicht übereinstimmen.

In Kapitel 3 geht es um Ausprägungen einer anthropozentrischen Weltanschauung in der Sprache. Einerseits ist Sprache *per se* anthropozentrisch, da die Welt immer aus Sicht des *Menschen* beschrieben, geordnet und in ihren verschiedenen Bereichen implizit mit Werturteilen belegt wird. Andererseits finden sich in der Sprache auch Züge eines *moralischen* Anthropozentrismus, demzufolge der Mensch sich der Natur nach seinem Gutdünken bedienen kann.

Solche sprachlichen Mittel können dazu dienen, gewisse Hemmungen bei der Ausbeutung und Instrumentalisierung der Natur zu überwinden. Auf das Mensch/Tier-Verhältnis bezogen lassen sich verschiedene Distanzierungsmechanismen ausmachen, die unter anderem auf sprachlicher Ebene eine Distanz zu Tieren und zum Bereich des Tötens herstellen. Es wird dabei die Hypothese aufgestellt, dass hinsichtlich dieser Instrumentalisierung und der wirtschaftlichen Nutzung von Tieren ein moralischer Konflikt besteht: Je mehr wir um die Empfindungsfähigkeit, die Individualität und das Sozialverhalten von Tieren wissen, umso schwerer fällt es uns, ihnen Leid zuzufügen. Es wird vermutet, dass durch Distanzierung und Verfremdung Hemmungen bezüglich der Ausbeutung und Unterdrückung von Tieren überwunden werden.

Im Analyseteil (Kapitel 4) werden dann verschiedene Texte im Hinblick auf die vorher erläuterten Distanzierungsmechanismen analysiert. Ziel der Diskursanalyse soll es sein, anhand von Diskursfragmenten aufzuzeigen, dass durch Sprache anthropozentrische und speziesistische Einstellungen transportiert und gefestigt werden und so das implizite Einverständnis zur Unterdrückung von Tieren erzeugt wird.

Im Anschluss an die Analyse werden Vorschläge für einen alternativen Sprachgebrauch aufgezeigt, der es ermöglichen soll, die vorherrschenden anthropozentrischen und speziesistischen Muster zu hinterfragen. Im letzten Abschnitt wird erläutert, in welcher Verbindung die getätigte Analyse zur Arbeit von Übersetzern[1] steht.

---

[1] Ich verwende bei Personenbezeichnungen die klassische Pluralform und beziehe mich damit, wenn nicht anders präzisiert, auf weibliche und männliche Personen sowie Personen, welche sich nicht in diese Kategorien einordnen lassen.

1. Methode: Kritische Diskursanalyse

Bei der Kritischen Diskursanalyse (KDA) geht es darum, Beziehungen innerhalb der Gesellschaft als Machtverhältnisse (Ungleichheit, Herrschaft[2], Unterdrückung, Ausbeutung, etc.) zu begreifen, indem untersucht und aufgezeigt wird, wie der Sprachgebrauch durch gesellschaftliche Strukturen beeinflusst wird und umgekehrt. (Vgl. Van Dijk 2001:352f.) In unserem Sprachgebrauch spiegeln sich manchmal Annahmen, von denen wir unhinterfragt ausgehen, die aber von gewissen Machtverhältnissen geprägt sein können. Die KDA versucht solche Verbindungen zwischen Sprache, Macht und Ideologie aufzudecken. (Vgl. Fairclough 1989:4f)

Meist geht es bei bestehenden Arbeiten im Rahmen der KDA um Unterdrückung und Ausbeutung, zum Beispiel in Bezug auf Sexismus und Rassismus. Bis auf vereinzelte Arbeiten wie Stibbe (2001) und Cole/Morgan (2011) hat die Rolle des Diskurses in Bezug auf Anthropozentrismus und konkreter auf die Herrschaft von Menschen über Tiere in der Forschung bis dato noch wenig Beachtung gefunden (Vgl. Stibbe 2001:146).[3]

In der KDA wird Sprache ausdrücklich nicht als alleinige Ursache von Ungleichheit verstanden, es wird auch nicht angenommen, dass ein Bewusstmachen das Gleichgewicht automatisch (wieder) herstellt. (Vgl. Fairclough 1989:1) Bei der Methode der kritischen Diskursanalyse geht es vielmehr darum, anhand von Texten etwas über gesellschaftliche Verhältnisse zu erfahren und diese zu kritisieren. Kritik kann zwangsläufig nur von einem gewissen Standpunkt aus ausgeübt werden, dessen sind sich die Vertreter der KDA ausdrücklich bewusst. Sie sind immer auch dem eigenen Standpunkt gegenüber kritisch und wähnen sich nicht „im Besitz objektiver Wahrheit" (Jäger 2012:8). Die KDA übt ferner „Wahrheitskritik an solchen Wahrheiten, die als angeblich objektiv und ewig gültig durchgesetzt werden"(ibid.). (Siehe dazu auch Kapitel 1.4.)

---

[2] „Herrschaft" wird nach Van Dijk (1993) definiert als „soziale Machtausübung durch Institutionen, Elite- oder sonstigen Gruppen, die zu Ungleichbehandlung in Bezug auf Politik, Kultur, Klassenunterschiede, Herkunft (‚Rasse'), Geschlecht, etc. führt." (249)

[3] Auch in anderen Forschungsrichtungen findet das Herrschaftsverhältnis zwischen Mensch und Tier erst seit jüngster Zeit wissenschaftliche Beachtung. So hat sich eine neue Forschungsrichtung etabliert, die als „Human-Animals-Studies" aus dem englischsprachigen Raum langsam auch im deutschsprachigen Raum einen gewissen Bekanntheitsgrad erlangt. Speziesismus (zum Begriff siehe Kapitel 2.2.2.) wurde im deutschsprachigen Raum bislang kaum von wissenschaftlichen Fächern aufgegriffen und ist in gesellschaftspolitischen Diskussionen noch weitgehend unbekannt. (Vgl. Mütherich 2009:75)

1.1. Begriffseinordnung „Diskurs" – Text als gesellschaftliches Phänomen

Jäger (2004) begreift „Texte" in der KDA als in die jeweiligen gesellschaftlichen Bezüge eingebettete „Diskursfragmente". Text soll als Diskurs also inhaltlich in einem gesellschaftlichen Zusammenhang verstanden werden. Dabei gilt ein einzelner Text als Diskurs*fragment* oder als „Ansammlung von Diskursfragmenten" eines gesamtgesellschaftlichen Diskurses. Bei der Analyse einzelner Texte werden also jeweils Fragmente eines gesellschaftlichen Gesamtdiskurses untersucht. (Jäger 2004:15)

Ein Diskurs ist nach Jäger als Textkorpus zu verstehen, der „die sozialen Verhältnisse nicht passiv repräsentiert, sondern sie als Fluss von sozialen Wissensvorräten durch die Zeit aktiv konstituiert und organisiert" (Jäger 2004:15/25). Dem Diskurs wird damit gegenüber widerspiegelungstheoretisch argumentierenden sozial- und sprachwissenschaftlichen Ansätzen ein völlig anderer Stellenwert beigemessen, da er selbst als „gesellschaftliche und Gesellschaft bewegende Macht (Kraft, Power)" (Jäger 2004:23) verstanden wird. Im Sinne der Diskursanalyse nach Foucault und Jäger drückt ein Diskursfragment nicht lediglich einen Bereich der Wirklichkeit sprachlich aus (repräsentiert die Wirklichkeit nicht passiv), sondern enthält Elemente, die für die vergangene, gegenwärtige oder auch zukünftige Gestaltung von Wirklichkeit entscheidend sind (konstituieren sie aktiv). (Vgl. Jäger 2004:23) So spricht Jäger vom Diskurs als Form gesellschaftlichen Handelns und damit als gesellschaftlichem Phänomen. So wie Individuen im gesellschaftlichen Zusammenhang konstituiert würden, so auch die von ihnen produzierten Texte. (Jäger 2004:24)

1.2. Disziplinäre Einordnung der KDA

In der KDA wird davon ausgegangen, dass Diskurs historisch geprägt ist, er Gesellschaft und Kultur (mit-)formt und dass Machtverhältnisse (u.a.) durch Sprachgebrauch entstehen, reproduziert und gefestigt werden. (Vgl. Van Dijk 2001:352ff.) Ferner leistet Diskurs ideologische Arbeit und enthält ideologische Annahmen. Die Analyse von Diskurs- und Textstrukturen kann daher nicht auf die Wort- oder Satzebene beschränkt bleiben, stattdessen müssen Textfragmente im gesellschaftlichen Zusammenhang analysiert und interpretiert werden. Da also bei der kritischen Diskursanalyse die Inhalte eine entscheidende Rolle spielen, kann sie nicht allein der Linguistik, den Sozialwissenschaften oder einer anderen Disziplin zugeteilt werden, sondern erfordert vielmehr interdisziplinäre Ansätze und das Einbeziehen weitgefächerter Methoden aus sämtlichen wissenschaftlichen Teilgebieten. (ibid.)

Es herrscht weitgehende Einigkeit darüber, dass die KDA sich deutlich von einer linguistisch-strukturalistischen Sichtweise unterscheidet, insofern als sprachliche Äußerungen nicht als isolierte Einzeltexte zu betrachten seien, sondern als Diskursfragmente, die Teil eines gesamtgesellschaftlichen Diskurses und im gesellschaftlichen und psychologischen Kontext zu interpretieren seien. (Vgl. Jäger 2004:10f.; Jäger 2012:10f.; Fairclough 1989:1)

Weitere angrenzende Richtungen wie Soziolinguistik, Pragmalinguistik, Psycholinguistik, Kommunikations-Theorie oder die Textlinguistik unterscheiden sich nach Jäger im Wesentlichen dadurch von der KDA, dass sie „Sprache und Texte immer primär ohne Beachtung der durch Sprache transportierten Inhalte, des jeweils gegebenen Weltwissens untersuchten", also „Texte in Absehung der durch sie transportierten Inhalte analysieren" (Jäger 2004:18).

Zwar macht Jäger deutlich, dass die KDA keiner linguistischen Disziplin allein zuzuordnen sei, er betont jedoch auch, dass sie sich „zugleich auch auf linguistische Phänomene bzw. die Linguistik und weitere Disziplinen bezieht" (2012:10).

Das Instrumentarium der KDA könne nach Jäger nicht auf ein linguistisches Instrumentarium beschränkt werden. (Jäger 2012:23) Gerade die Linguistik sei eine Disziplin, die üblicherweise mit allen Bereichen des gesellschaftlichen Lebens in Berührung komme. (Jäger 2004: 16) Will man also, wie in der KDA vorgesehen, die sprachlich transportierten Inhalte in die Textanalyse einbeziehen, so gilt es, über den Tellerrand einer bestimmten wissenschaftlichen Disziplin hinaus zu schauen und andere Ansätze miteinzubeziehen. Welche dies sind hängt dabei immer von der je nach Diskursfragment zu untersuchenden Thematik ab.

1.3. Machtausübung durch den Transport von Ideologien im Diskurs

Im ersten Teil zur Einführung in die KDA haben wir in groben Zügen erläutert, was unter dem Begriff „Diskurs" zu verstehen ist. Zudem wurde aufgezeigt, dass die KDA aufgrund der Betrachtung von Text als gesellschaftlichem Phänomen keiner bestimmten wissenschaftlichen Disziplin allein zuzuordnen ist, sondern vielmehr verschiedene disziplinäre Ansätze vereint, also inter- bzw. transdisziplinär vorgeht. Im hiernach folgenden zweiten Teil zur Methode der KDA soll es darum gehen, genauer zu beleuchten, welche Art gesellschaftlicher Strukturen bei der KDA untersucht wird. Namentlich geht es um gesellschaftliche Machtverhältnisse und deren Manifestierung im Diskurs.

Das primäre Ziel einer KDA liegt wie bereits erwähnt darin, durch kritisches Hinterfragen von Sprache gesellschaftliche Machtverhältnisse sichtbar zu machen. Es soll Bewusstsein dafür geschaffen werden, dass Sprache zur Unterdrückung einer Gruppe durch eine andere beitragen kann. (Vgl. Fairclough 1989:1) Außerdem soll eine diskursanalytische Untersuchung dabei helfen, bestehende Machtverhältnisse zu *hinterfragen*. Denn deren „reine Beschreibung verfestigt den Status quo und lässt ihn als selbstverständlich und kaum hinterfragbar erscheinen" (Jäger 2012:10).

Die KDA erfordert, wie gesagt, einen interdisziplinären Ansatz und ihre Anwendungsfelder sind vielfältig. Immerhin haben die meisten kritischen Diskursanalysen jedoch gemein, dass sie untersuchen, inwieweit Diskursstrukturen bei der Reproduktion von gesellschaftlichen Herrschaftsverhältnissen eine Rolle spielen. (Van Dijk 1993:249; Jäger 2004:354)

In der KDA wird von einem hegemonischen Machtverhältnis ausgegangen, bei der eine *diskursive* oder *ideologische* Machtausübung erfolgt, indem mittels diskursiver Mittel implizites Einverständnis erzeugt wird. Es handelt sich daher um eine Form der *indirekten* Machtausübung. Das Einverständnis zu Herrschaft der dominierenden Gruppe wird unter Vermittlung ideologischer Werte erzeugt bzw. aufrechterhalten. Dominante Gruppen üben in der Regel nur teilweise oder nur in bestimmten Situationen gesellschaftliche Macht über andere Gruppen aus. Diese Form der Machtausübung ist also nicht absolut. (Vgl. Fairclough 1989:4)

Fairclough geht davon aus, dass die ideologische Machtausübung heutzutage prädominierend ist und hauptsächlich durch den ideologischen Gebrauch von Sprache erfolgt: „[…] language has become perhaps the primary medium of social control and power." (1989:3) Hinzukommt, dass Sprache heutzutage mehr denn je im Alltag der Menschen eine vorrangige Rolle spielt (Stichwort *linguistic turn*[4]). Fairclough betont gleichwohl, dass die ideologische Wesensart der Sprache zwar ein nicht zu vernachlässigender, geschweige denn zu ignorierender Faktor bei der Analyse gesellschaftlicher Machtverhältnisse sei, Sprache jedoch gewiss nicht der einzige dabei zu berücksichtigende Aspekt sei. (ibid.)

Ideologien sind nach allgemeinem Verständnis Glaubenssätze, die innerhalb einer Gruppe als „geteilte Selbstdefinitionen [fungieren], die es Gruppenmitgliedern ermöglichen, ihre sozialen Tätigkeiten in Bezug auf andere Gruppen zu koordinieren" (Van Dijk 1997: 26, übersetzt von SM). Eine engere Bedeutung von Ideologie ist eine Denk- oder Handlungsweise, die von „herrschenden Gruppen entwickelt wird, um deren Herrschaft fortzuführen und zu legitimieren" (Van Dijk 1997:25, s.o.). Eine Möglichkeit, um diese Legitimation umzusetzen, sei nach Van Dijk, die Herrschaft diskursiv als „gottgegeben, natürlich, gutartig oder unabdinglich" (Van Dijk 1997:25, s.o.) darzustellen.

Ideologien befürworten Unterdrückung und Ausbeutung selten explizit. Sie sind effizienter, wenn sie implizit bleiben und als nicht hinterfragbar gelten. Dies wird erreicht, indem der

---

[4] Siehe dazu Fairclough 1989:3; Stibbe 2001:145

Diskurs auf Annahmen gestützt wird, die als auf der Vernunft bzw. auf gesundem Menschenverstand[5] beruhend dargestellt werden. (Stibbe 2001:148) Fairclough bezeichnet solche Annahmen als ‚common-sense' assumptions, welche in sprachlichen Konventionen implizit enthalten sind und derer man sich im Allgemeinen nicht (oder nicht gänzlich) bewusst ist. (Fairclough 1989:2) Die ‚common-sense' assumptions dienen nach Fairclough dazu, ideologische Inhalte mittels Sprache zu reproduzieren. Diese scheinbar auf gesundem Menschenverstand beruhenden Annahmen seien daher, so Fairclough, „vernünftige Annahmen im Dienste der Aufrechterhaltung ungleichberechtigter Machtbeziehungen" (Fairclough 1989:84).

Hierarchie- und Autoritätsverhältnisse werden beispielsweise häufig unhinterfragt als natürlich empfunden, wie zum Beispiel bei einem Arzt/Patienten-Verhältnis. Solche implizite Annahmen finden sich nach Fairclough in der Sprache wieder und sind ideologisch durch gesellschaftliche Machtverhältnisse geprägt. Sie dienten demnach als Mittel zur Legitimierung bestehender Gesellschaftsstrukturen und Machtverhältnisse. Ideologien, so Fairclough, seien eng mit Sprache verknüpft, da Sprachgebrauch die häufigste Form sozialen Verhaltens sei, bei der wir uns zudem am meisten auf Annahmen des ‚gesunden Menschenverstands' beriefen. (Fairclough, 1989:2)

Die Methode der KDA zur Aufdeckung von „Annahmen des gesunden Menschenverstandes" kann, so Fairclough, unter Umständen zu einem Umdenken führen. Denn, so schreibt er:

> If one becomes aware that a particular aspect of common sense is sustaining power inequalities at one's own expense, it ceases to be common sense, and may cease to have the capacity to sustain power inequalities (1989:85)

Beziehen wir diese Überlegungen auf unser Thema, so stellt man fest, dass im Falle von Nutztieren eine *absolute* und *direkte* Machtausübung seitens der Menschen stattfindet. Diese erfolgt durch vollständigen Zwang und durch die direkte Ausübung physischer Gewalt. Im Falle von Tieren kommt es zu absoluter Machtausübung, da sie erstens sprachliche Diskurse nicht rezipieren können und somit eine indirekte ideologiegeprägte Form der Machtausübung

---

[5] Im Deutschen suggeriert der Begriff „gesunder Menschenverstand", dass derartige Annahmen auf gesundem Denken und Reflexion beruhen. Häufig liegt gerade eine solche aber nicht zugrunde, sondern die Orientierung an bestehenden, traditionell verankerten Normen. Gegebenheiten werden als „richtig" oder „falsch", als „gut" oder „schlecht" bewertet, nicht als Folge reiflicher Überlegung, sondern weil es einer geltenden Norm entspricht. Der Begriff „Vernunft" wird im Alltag allzu oft in irreführender Weise gebraucht. Häufig meint „vernünftiges" Verhalten nichts anderes als konventionelles, „normales" Verhalten.

keine Wirkung hätte. Zweitens ist die gewaltvolle und zwanghafte Machtausübung überhaupt nur möglich, weil Tiere sich im Gegensatz zu Menschen nicht oder nicht in bemerkenswerter Weise gegen die Herrschaft auflehnen können. (Vgl. Stibbe 2001:146)

Die gewaltvolle Machtausübung gegenüber Nutztieren erfolgt konkret durch eine relativ kleine Gruppe von Menschen, die direkt in deren Nutzung involviert sind. (Stibbe 2001:146) Diese Machtausübung ist allerdings vollständig von dem stillschweigenden Einverständnis einer gesellschaftlichen Mehrheit abhängig, das durch den Kauf tierischer oder an Tieren getesteter Produkte signalisiert wird. (Stibbe 2001:147; Vgl. d. a. Möller 2007)

Insofern steht auch die Unterdrückung von Nutztieren in enger Beziehung zu der oben beschriebenen indirekten diskursiven Machtausübung, von der in der KDA ausgegangen wird. Bei der nachfolgenden Diskursanalyse wird daher zu prüfen sein, inwiefern diskursive Mittel zu der Herstellung und Festigung dieses impliziten Einverständnisses zur Unterdrückung der Tiere beitragen.

1.4. Was bedeutet *kritische* Diskursanalyse?

Nach Jäger (2012) gilt die *Beschreibung* von Diskursen bzw. Diskurssträngen als wichtige Grundlage für die kritische Diskursanalyse. Ebenso wichtig sei es aber auch, darüber hinaus in der Lage zu sein, „die gefundenen diskursiven Sachverhalte wohlbegründet zu bewerten und zu kritisieren" (Jäger 2012:151). Die KDA versteht sich als gesellschaftskritisch. Daher besteht nach Jäger ein wichtiger Teil der Analyse darin, den Untersuchungsgegenstand ausführlich zu benennen und auf dessen gesellschaftspolitische Brisanz zu verweisen. Dabei sei es, wie bereits erwähnt, unerlässlich, sich selbstkritisch mit dem der Kritik zugrunde liegenden Standpunkt auseinanderzusetzen. (Vgl. Jäger 2012 151f.) Denn das „kritische Potential" von Diskursanalyse könne sich, so Jäger, nicht auf eine „spezifische Moral oder gar Inanspruchnahme einer objektiven Wahrheit stützen" (Jäger 2012:155). Jäger weist in diesem Zusammenhang daraufhin, dass es die *eine*, universelle Moral nicht gebe, sondern vielmehr ein moralischer Pluralismus vorherrsche und die an verschiedene Kulturen gebundenen Moralvorstellungen heterogen seien. (Vgl. Jäger 2012:155) Wolle man also „eine Kritik an in bestimmten Gesellschaften diskursiv tradierten Moralen" (Jäger 2012:155) anbringen, so habe dies zur Voraussetzung, sich „zunächst in die betreffende Moral gedanklich ‚hineinzugeben' und diese somit kennenzulernen" (ibid.).

Eine kritische Diskursanalyse muss, so Jäger (2004) mit „begründeten moralisch-ethischen Überlegungen gekoppelt" (25) sein. Daher werden im folgenden Kapitel moralischethische Überlegungen zum Mensch-Tier-Verhältnis und dem richtigen Umgang mit Tieren angestellt, die dann der im Anschluss durchgeführten Diskursanalyse zugrunde gelegt werden.

Darüber hinaus habe eine kritische Diskursanalyse, so Jäger, danach zu fragen, ob die in einer Gesellschaft herrschende Moral mit den formulierten moralischen Ansprüchen dieser Gesellschaft übereinstimme. Es wäre also zu prüfen, ob bestehende Moralvorstellungen oder auch kodifizierte Gesetze in Übereinstimmung mit den tatsächlichen gesellschaftlichen Verhältnissen bzw. den tatsächlich zu beobachtenden Diskursen stehen. In dieser Hinsicht ist eine KDA immer gesellschaftsspezifisch, d.h. auf eine bestimmte Gesellschaft ausgerichtet. (Jäger 2012:156) Dies bedeute nach Jäger jedoch nicht, dass nicht auch der herrschende Moralanspruch einer Gesellschaft zu hinterfragen sei. Jäger sieht die Kritik an bestehenden ‚Moralen' als positiven Beitrag zur gesellschaftlichen Entwicklung. Kritik sei wichtig, um Anlass zur Debatte zu bieten und eventuell Anstoß zu „Modifikationen der obwaltenden Moralvorstellungen" zu geben. In einer Welt, in der zunehmend fremde Kulturen und damit unterschiedliche Moralvorstellungen aufeinander träfen, sei das Hinterfragen von tradierten Moralvorstellungen umso wichtiger, um die Gefahr eines „moralischen Rigorismus" zu bändigen. Die interkulturelle Analyse diskursiver Gegebenheiten gelte dabei als Voraussetzung für die Entwicklung von Modellen zur toleranten Kritik. (Vgl. Jäger 2012:156f.)

2. Theoretischer Hintergrund für eine Kritik

Wie oben beschrieben, muss jede kritische Diskursanalyse selbstreflektiv und selbstkritisch den eigenen Standpunkt beleuchten. Daher soll im Folgenden zunächst der Ausgangspunkt für eine kritische Analyse beschrieben werden. Dabei sollen in Bezug auf das Mensch-Tier-Verhältnis die Konzepte Anthropozentrismus, Speziesismus und Karnismus einer ökologisch-pathozentrischen Perspektive gegenübergestellt werden.

2.1. Ideologischer Ausgangspunkt: Ökolinguistik

In der im Anschluss durchgeführten Diskursanalyse geht es um das Verhältnis zwischen Mensch und Tier bzw. Natur. Daher lässt sich der ideologische Ausgangspunkt für eine Analyse dem Bereich der Ökolinguistik zuordnen. Was darunter zu verstehen ist, soll im Folgenden deutlich werden, wobei zunächst der Begriffsteil „Öko-" erläutert werden soll.

2.1.1. Begriffseinordnung „Ökologie"

Der Terminus „Ökologie" wurde 1866 von Ernst Hackel eingeführt und stammt ursprünglich aus der Biologie, wo er als „ganzheitlich-dynamische Betrachtungsweise" die „Wissenschaft von den Wechselwirkungen zwischen den Organismen und zwischen Organismen und Umwelt in Biologie" bezeichnete (Fill 1993:1). Etwa ein Jahrhundert später, in den 1970er Jahren, gab der Begriff einer Bewegung den Namen, die einer allzu großen Veränderung und Ausbeutung der Natur[6] durch den Menschen entgegenzuwirken suchte. In der Folge wurde er immer mehr auch in anderen Wissensgebieten verwendet. (ibid.) So kam es, dass der Begriff „Ökologie" in verschiedenen, nicht ganz einheitlichen Bedeutungen gebraucht wurde und wird. Die vordergründigen Bedeutungen umschließen den Aspekt der Wechselwirkung sowie die „Betonung der Gemeinsamkeit" und einer „Ko-evolution" als Gegenmodell zum „Wachstum auf Kosten des anderen" und der „reinen Selbstverwirklichung" (Fill 1993:1). Als besonders entscheidend für die ökologische Betrachtungsweise bewertet Fill „die Wertschätzung, ja Bevorzugung des Kleinen gegenüber dem Großen", eine „Haltung, die sich gegen die weitere Ausdehnung der Mächtigeren auf Kosten der Schwächeren wendet" (ibid.) und die fortschreitende Unterjochung des Kleinen durch das Größere einzudämmen sucht.

---

[6] Krebs (1997) definiert „Natur" wie folgt: „Dasjenige in unserer außermenschlichen Welt, das nicht vom Menschen gemacht ist, neu entsteht und sich verändert." (S.340)

2.1.2. Ökologie in der Linguistik

In der Linguistik fand der Begriff „Ökologie" erstmals durch Einar Haugen (1972) Anwendung. Haugen und einige weitere Autoren wandten den Begriff auf das Verhältnis und die Wechselwirkungen von Sprachen untereinander an. Der Begriff wurde ebenfalls auf sozio- und psycholinguistische Themen wie Sprachwandel, Sprachtod, Sprachkontakt, Sprachplanung, individuelle Mehrsprachigkeit und Fremdsprachenerwerb angewandt. (Fill 1993:29)

Später wurde dann unter dem Begriff „Sprachökologie" auch das Wechselspiel von Sprache und Außersprachlichem beleuchtet. Dwight Bolinger postuliert, dass Sprache unser Denken und Handeln beeinflussen und deshalb als Manipulator in Werbung, Politik und Medien missbraucht werden könne. (Vgl. Bolinger 1980:182-188)

Alwin Fill (1993) überträgt die Ökolinguistik ebenfalls auf das Verhältnis zwischen Mensch und Natur, insbesondere im Hinblick auf ökologische Problemstellungen. Wie bei der Diskursanalyse wird bei Fill auch in der Ökolinguistik die Diskrepanz zur strukturalistischen Sprachwissenschaft deutlich gemacht, bei der die Sprache selbst und „nicht deren Umgebung oder Wechselwirkungen" untersucht werden. Fill stellt die ökologische Betrachtung der Sprache als Antithese zur strukturalistischen Sprachwissenschaft dar, die die Sprachstruktur (Phoneme, Morpheme, Lexeme, Sätze, usw.) und deren Wirkungen untersucht. (1993:4f) Eine ökologische Linguistik hingegen könne „die Sprache in ihrer Rolle als Teil eines Beziehungssystems zwischen Menschen, politischen Parteien, Völkern, Religionen, etc." verstehen und jede einzelne Sprachäußerung im Lichte dieser Verhältnisse sehen (Fill 1993:3). Bei Untersuchungen aus diesem Blickwinkel geht es nach Fill um sprachliche Manipulation und die „Rolle der Sprache bei der Überwindung eines Denkens, das auf Wachstum und Größe ausgerichtet ist" (Fill 1993:3). Darüber hinaus erhebe die Ökolinguistik, so Fill, „den ehrgeizigen Anspruch, eine Wissenschaft im Dienste eines friedlichen Zusammenseins aller Wesen zu sein – ob sie nun ‚Sprache' besitzen oder nicht" (ibid.)

Das Bestreben Fills liegt darin, die Ökolinguistik als eigenständigen Zweig der Sprachwissenschaften zu etablieren. Hierbei sollen verschiedene sprachökologische Ansätze unter den allen gemeinsamen Aspekten der Wechselwirkung und der „Stellungnahme für das Kleine gegenüber dem Großen" bzw. für das „Gefährdete gegenüber dem Gesicherten" zusammengeführt werden. Fill definiert „Ökolinguistik" wie folgt:

> Ökolinguistik ist jener Zweig der Sprachwissenschaft, der den Aspekt der Wechselwirkung berücksichtigt, sei es zwischen einzelnen Sprachen, zwischen Sprechern und Sprechergruppen, oder zwischen Sprache und Welt, und der im Interesse einer Vielfalt der Erscheinungen und Beziehungen für die Bewahrung des Kleinen eintritt. (1993:4)

Speziell für die vorliegende Studie ist jener Teil der Ökolinguistik relevant, der sich mit der Rolle der Sprache beim Verhältnis von Mensch zu Tier und Pflanze (zur „Natur") beschäftigt. Der Sprachgebrauch kann Aufschluss darüber geben, wie hoch die Wertschätzung ist, die wir einzelnen Bereichen der Natur entgegenbringen, und widerspiegeln, wie sich der Mensch die Natur zu Nutzen macht. Eine verharmlosende oder verschleiernde Sprache kann über Ausnutzung und Ausbeutung der Natur hinwegtäuschen. (Vgl. Fill 1993:103)

In der vorliegenden Arbeit soll aufgezeigt werden, wie durch Sprachgebrauch die Unterdrückung schwächerer Gruppen – in diesem Falle der Tiere – durch stärkere Gruppen fortgeführt wird. Es wird kritisiert, dass der Mensch sich moralisch über die Natur stellt und andere Lebewesen zu seinen Zwecken gebraucht bzw. ausbeutet. Die folgende Abbildung soll ein ökologisches Weltbild veranschaulichen, bei dem nicht wie im linken Bild der Mensch moralisch über allem steht, sondern alle Lebewesen gleichermaßen moralisch berücksichtigt werden:

[7]

2.2. Gesellschaftliche Beziehungen: Verhältnis Mensch – Tier

Auf Grundlage der ökologischen Weltsicht sollen im Folgenden in einem ersten Schritt die entgegengesetzten Konzepte Anthropozentrismus und Physiozentrismus aus naturethischer Perspektive vorgestellt werden. Vor diesem Hintergrund werden dann die speziell auf das Mensch-Tier-Verhältnis bezogenen Konzepte Speziesismus und Karnismus erläutert.

---

[7] Quelle unbekannt

2.2.1. Anthropozentrismus vs. Physiozentrismus

Die Naturethik fragt nach dem ethisch richtigen Umgang des Menschen mit der Natur. Einst wurde in der Ethik lediglich das Verhältnis vom Menschen zum Menschen und deren richtigem Umgang miteinander betrachtet. In der Naturethik werden ethische Fragen auf das Verhältnis des Menschen zur Natur ausgeweitet. (Krebs 1997:337) Es wird hierbei grundsätzlich zwischen einer anthropozentrischen (griechisch *anthropos* = Mensch) und einer physiozentrischen (griechisch *physis* = Natur) Ethik unterschieden. Im anthropozentrischen Moralverständnis steht der Mensch im Mittelpunkt und die Natur gilt lediglich als Ressource für die Befriedigung der Bedürfnisse des Menschen – sie hat keinen moralischen Eigenwert. (Fill 1993:104) Dieser *moralische* Anthropozentrismus wird unterschieden von einem *epistemischen* oder *biologischen* Anthropozentrismus, der als unvermeidbar gilt, da der Mensch nicht umhin kann, die Welt durch die Brille des Menschseins zu betrachten. (Krebs 1997:343)

In der Naturethik wird der Anthropozentrismus dem *Physiozentrismus* gegenübergestellt. Die Natur soll nach diesem Standpunkt nicht nur als Ressource oder Instrument für den Menschen betrachtet werden. Stattdessen soll der Mensch „Ehrfurcht vor deren Eigenwert entwickeln" und „das begrenzte anthropozentrische Weltbild überwinden" (Krebs 1997:338). Demnach habe die Natur einen eigenen moralischen Wert und der Mensch müsse um der Natur selbst willen auf sie Rücksicht nehmen (Krebs 1997:338). Physiozentrismus gliedert sich in drei Abstufungen: Bei der radikalen Version wird allen belebten und unbelebten Objekten in der Natur und der Natur als Ganzer moralischer Eigenwert zugesprochen. Im Biozentrismus (griechisch *bios* = Leben) haben alle Lebewesen moralischen Eigenwert. Im Pathozentrismus (griechisch *pathos* = Leid) schließlich gilt die Empfindungs- und Leidensfähigkeit eines Lebewesen als Kriterium für moralische Bewertung. (Krebs 1997:342)

Vor dem Hintergrund dieser dritten und moderatesten Version des Physiozentrismus sollen nun zwei Ethikmodelle vorgestellt werden, die als Ausprägungen einer anthropozentrischen Ethik gelten können und der pathozentrischen Sichtweise entgegenstehen. Da es bei der nachfolgenden Analyse speziell um das Verhältnis zu Nutztieren geht, wurden zwei Modelle ausgewählt, bei denen es um das Verhältnis des Menschen zu Tieren geht. „Speziesismus" bezeichnet eine Denkweise, die zu Ungleichbehandlung anderer Tierarten führt, allein aufgrund ihrer Zugehörigkeit zu einer anderen Spezies als der des Menschen. Das zweite Modell, „Karnismus", gilt als Unterform des Speziesismus und bezeichnet ein Glaubenssystem, in dem die Nutzung von bestimmten Tierarten zur Fleischproduktion weitgehend unhinterfragt bleibt. Die Kritik an diesen beiden Modellen fordert von einem pathozentrischen Standpunkt ausgehend, dass einigen Tierarten aufgrund ihrer Empfindungs- und Leidensfähigkeit moralischer Eigenwert einzuräumen sei.

2.2.2. Speziesismus

Bei der Diskursanalyse in Kapitel 4 sollen sprachliche Ausprägungen zur Festigung des moralischen Anthropozentrismus aufgedeckt und kritisiert werden. Kritisiert wird das Konzept des „Speziesismus", welches Einstellungen und Handlungen bezeichnet, bei denen die Interessen von Mitgliedern anderer Spezies den Interessen von Mitgliedern der eigenen Spezies untergeordnet werden. Konkret heißt dies, dass („nichtmenschliche"[8]) Tiere im Vergleich zum Menschen ungleich behandelt bzw. diskriminiert werden. In vielen Kulturen ist Speziesismus als Einstellung fest in der Gesellschaft und im Denken der Menschen verankert. Kritiker des Speziesismus fordern, dass das Gleichheitsprinzip nicht nur für Menschen gelten soll, sondern auch auf (andere) Tiere ausgeweitet werden soll.

Der Terminus „Speziesismus" (*species-ism*) ist eine aus dem Englischen kommende Parallelbildung zu *racism* (Rassismus) oder *sexism* (Sexismus). Der Begriff wurde erstmals im Jahr 1970 von dem britischen Psychologen Richard Ryder verwendet. In Anlehnung an Konzepte wie Rassismus oder Sexismus sollte dieser Begriff dazu dienen, Tiere in die Antidiskrimierungsbewegung der 1960er und 70er Jahre einzuschließen. So schrieb Ryder über die Entstehung des Begriffs:

> The 1960s revolutions against racism, sexism and classism nearly missed out the animals. This worried me. Ethics and politics at the time simply overlooked the nonhumans entirely. Everyone seemed to be just preoccupied with reducing the prejudices against humans. Hadn't they heard of Darwin? I hated racism, sexism and classism, too, but why stop there? As a hospital scientist I believed that hundreds of other species of animals suffer fear, pain and distress as much as I did. Something had to be done about it. We needed to draw the parallel between the plight of the other species and our own. One day in 1970, lying in my bath at the old Sunningwell Manor, near Oxford, it suddenly came to me: SPECIESISM! (Ryder 2010)

Infolge dieser Erkenntnis veröffentlichte Ryder ein Flugblatt, auf dem er darauf hinwies, dass es seit Darwin (1871) wissenschaftlich als anerkannt gelte, dass aus biologischer Sicht

---

[8] Die meisten Autoren aus dem Bereich Human-Animals-Studies und aus der Tierrechtsbewegung sprechen nicht mehr von „Tieren", sondern von „nichtmenschlichen" Tieren bzw. Individuen oder Lebewesen, um sprachlich zum Ausdruck zu bringen, dass auch der Mensch ein Tier sei und man die Tiere als dem Mensch gleichwertig betrachtet. (Vgl. z.B. Mütherich 2009; siehe dazu auch Kapitel 5.6. zu sprachlichen Alternativen)

kein „magischer" Unterschied zwischen Menschen und anderen Tieren bestehe. Wie also rechtfertige sich der moralische Schnitt, den wir zwischen uns und den anderen Tieren machten? Ungeachtet der Frage nach dem Recht auf Leben sei das wichtigste moralische Kriterium die Leidensfähigkeit. Alle Tiere, die über ein zentrales Nervensystem verfügten, seien ähnlich empfindungsfähig wie wir Menschen und somit empfänglich für durch Einsperren und Gefangenschaft verursachtes Leid. Einerseits gehe man von einer ähnlichen Empfindungsfähigkeit aus, wenn man durch Tierversuche auf den Menschen übertragbare Erkenntnisse bekommen möchte. Andererseits negiere man die Empfindungsfähigkeit der Tiere, wenn man argumentiert, dass man mit ihnen Versuche anstellen könne, da sie ja nicht wie Menschen leiden. Die Ausnutzung und Qual anderer Tierarten ist nach Ryder kein moralisch gerechtfertigtes Mittel, um unseren medizinischen Wissensstand zu erweitern. Vielmehr solle das Rechtsprinzip, keinem unschuldigen Menschen etwas zu Leide zu tun, auch auf andere empfindsame Wesen angewandt werden. (Vgl. Ryder 2010)

Auch der britische Evolutionsbiologe Richard Dawkins greift das Konzept „Speziesismus" auf. Er gibt zu bedenken, dass der Sonderstatus des Menschen gegenüber anderen Tieren in unserer speziesistisch denkenden Gesellschaft unhinterfragt akzeptiert werde. Während das Leben eines jeden Menschen allein auf Grund seiner Zugehörigkeit zur Gattung Mensch mehr wert sei als das „aller Gorilla der Welt", definiere sich der Wert eines beliebigen nichtmenschlichen Tieres allein durch die Ersetzungskosten für dessen Besitzer. Daraus folgt: „But tie the label Homo sapiens even to a tiny piece of insensible, embryonic tissue, and its life suddenly leaps to infinite, incomputable value." (Dawkins 1993:81) Ferner erinnert er daran, dass zwar gerne zugegeben werde, wir seien den Affen ähnlich, dabei jedoch meist vergessen werde, dass wir tatsächlich selbst solche seien. Der Mensch gehöre wie die anderen heute lebenden Gattungen der Orang-Utans, Gorillas und Schimpansen biologisch gesehen zu der Gruppe der Menschenaffen. Phylogenetischen[9] Erkenntnissen zufolge seien Schimpansen und Gorillas näher mit den Menschen als mit asiatischen Affen (Orang-Utans und Gibbons) verwandt. Wie molekulare Belege zeigen, lebte unser mit den Schimpansen gemeiner Vorfahre vor fünf bis sieben Millionen Jahren in Afrika. Das bedeutet, dass uns etwa eine halbe Million Generationen vom Schimpansen trennen. Dawkins will hiermit darauf hinweisen, dass es vor nicht allzu langer Zeit Zwischenstufen zwischen Homo sapiens und Schimpanse – d.h. zwischen „Mensch" und „Tier" – gab und das Konzept der Spezieszugehörigkeit unter anderem aus diesem Grunde ein zu wackeliges sei, um daraus Rückschlüsse auf die moralische Be-

---

[9] D. h. die stammesgeschichtliche Entwicklung betreffend

handlung eines Lebewesens zu ziehen. Wolle man rechtfertigen, dass Menschen besser zu behandeln seien als andere Tiere, müsse eine bessere Begründung gefunden werden als der biologische Verwandtschaftsgrad. (Vgl. Dawkins 1993)

Der australische Ethiker Peter Singer gibt zu bedenken, dass Gleichberechtigung als Grundsatz unserer Gesellschaft gelte. Erfahre ein Mensch oder eine Gruppe von Menschen keine Gleichberechtigung, so spreche man von Diskriminierung. Die auf Vorurteilen basierende Diskriminierung von Tieren sei nach Singer vergleichbar mit der Diskriminierung von Frauen oder anderer „Rassen".[10] Singer zieht den Vergleich zur Unterdrückung und Versklavung von Menschen mit dunkler Hautfarbe. Hierbei wurden Menschen als minderwertig betrachtet und benachteiligt – allein auf Grund der Tatsache, dass sie einer anderen Rasse angehörten. Singer zufolge werden Tiere analog dazu allein auf Grund ihrer Zugehörigkeit zu einer anderen Spezies als der menschlichen diskriminiert. So wie gegenüber menschlichen Opfern von Diskriminierung, müssten wir Tieren gegenüber unsere Vorurteile ablegen und ihre Interessen berücksichtigen. (Vgl. Singer 1995:12ff.)

Bei dem Prinzip der Gleichheit gehe es nach Singer nicht darum, dass alle Menschen und Tiere gleich seien. Und Gleichberechtigung bedeute nicht, dass alle dieselben Rechte erhalten und gleich behandelt werden sollten. Individuen seien schließlich sehr unterschiedlich und hätten sehr unterschiedliche Bedürfnisse und Interessen. Bei dem Prinzip der Gleichheit gehe es vielmehr darum, diese Interessen in gleichwertigem Maße zu berücksichtigen (*equal consideration of interests*). (Singer 1995:30) So habe ein Mann beispielsweise kein Interesse daran, ein Recht auf Abtreibung zu erhalten, viele Frauen indessen durchaus. Ebenso habe ein Schwein kein Interesse daran, das Wahlrecht zu erhalten, da es nicht wählen gehen könne. Es habe jedoch, ebenso wie ein Mensch, ein gesteigertes Interesse daran, kein Leid und keine Schmerzen ertragen zu müssen. Aus Singers Sicht gibt es keinen Grund, das Prinzip der Gleichheit nicht auf andere Spezies als den Homo sapiens auszuweiten. (Vgl. Singer 1995:31)

---

[10] Ebenso wie andere Stereotypenkomplexe wie Rassismus oder Sexismus beruht Speziesismus auf dem Prinzip der Unterdrückung. In solchen Unterdrückungssystemen werden Gruppen mit wenig Macht von dominanten Gruppen mit viel Macht bedrängt. Im Falle von Rassismus handelt es sich bei der schwächeren Gruppe um andere menschliche „Rassen" und bei Sexismus um Frauen. Im Speziesismus handelt es sich nach Joy bei der schwächeren Gruppe um Tiere. (Vgl. Joy 2010:32f.) Isaac Bashevis Singer zieht eine Parallele zwischen Rassismus und dem Umgang der Menschen mit Tieren: „So oft Herman das Schlachten von Tieren und Fischen sah, hatte er den gleichen Gedanken: In ihrem Verhalten gegen Tiere waren alle Menschen Nazis. Die Selbstgefälligkeit, mit der der Mensch mit anderen Arten so umgehen konnte, wie es ihm gefiel, veranschaulichte die extremste rassistische Theorie, das Prinzip, dass Macht Recht ist." (Singer, Isaac Bashevis 1972:257)

Für den englischen Sozialreformer und Begründer des klassischen Utilitarismus Jeremy Bentham (1748-1832) lag es auf der Hand, dass nicht nur die Hautfarbe oder das Geschlecht kein Rechtfertigungsgrund für Ungleichbehandlung sei, sondern ebenso wenig die Frage, ob „jemand" der menschlichen Spezies angehöre oder nicht. Bentham forderte, dass die Fähigkeit eines Lebewesens, Schmerz zu empfinden, ihm ein Recht auf Gleichbehandlung einräumen sollte. So formuliert Bentham sehr prägnant:

> The day may come when the rest of the animal creation may acquire those rights which never could have been withholden from them but by the hand of tyranny. The French have already discovered that the blackness of the skin is no reason why a human being should be abandoned without redress to the caprice of the tormentor. It may one day come to be recognized that the number of legs, the villosity of the skin or the termination of the *os sacrum* are reasons equally insufficient for abandoning a sensitive being to the same fate. What else is it that should trace the insuperable line? Is it the faculty of reason, or perhaps the faculty of discourse? But a full-grown horse or dog is beyond comparison a more rational, as well as more conversable animal, than an infant of a day or a week, or even a month, old. But suppose they were otherwise, what would it avail? <u>The question is not, Can they *reason*? nor Can they *talk*? But, Can they *suffer*?</u>[11]
> (Bentham 1789/1996)

Das ungeachtet aller Unterschiede Menschen und Tieren Gemeinsame ist die Fähigkeit zu leiden und damit das Interesse daran, Leid zu meiden. Singer zufolge ist die Fähigkeit, Präferenzen zu besitzen - also zumindest leidensfähig zu sein - die Voraussetzung dafür, in das ethische Kalkül einbezogen zu werden. Ein Stein habe zum Beispiel keine Präferenzen, da er keine Leidensfähigkeit besitze, und müsse demnach bei ethischen Überlegungen nicht berücksichtigt werden.[12] (Vgl. Singer 1995:8f.)

Die „Ausbeutung" von Tieren zu wirtschaftlichen, kulinarischen oder sonstigen Zwecken sei folglich auf eine Geisteshaltung zurückzuführen, die einen Vorrang der menschlichen Spezies unweigerlich als gegeben betrachtet – den Speziesismus. (Singer 1995:36) Eine weltweite Bewegung von Tierrechtlern und Aktivisten fordert heutzutage die Überwindung des Speziesismus und eine Ausweitung der vorhanden Gerechtigkeitsprinzipien auch auf Tiere, die nicht der Spezies Homo sapiens angehören, aber empfindungsfähig sind und Grundbedürfnisse haben. (Adams 1990:23)[13]

---

[11] Hervorhebung von mir

[12] Siehe dazu auch „Präferenzutilitarismus" bei Singer (2011)

[13] Die Ungleichbehandlung von Tieren wird zuweilen mit Argumenten begründet, die jedoch nicht unbedingt zutreffend oder ethisch relevant sind. Eine ausführliche Auseinandersetzung mit pro-speziesistischen Argumenten hat die Tierrechtsorganisation „Tier im Fokus" (2013) zusammengestellt.

2.2.2.1. Leidensfähigkeit

Der Vorwurf des Speziesismus als Form der Diskriminierung setzt wie wir gesehen haben voraus, dass Tiere in der Lage sind, Schmerz zu empfinden. Der hier durchgeführten Diskursanalyse wird ebenfalls die Annahme zugrunde gelegt, dass empfindungsfähige Tiere in ethische Erwägungen miteinbezogen werden sollten. Gingen wir - wie seiner Zeit Descartes - davon aus, dass Tiere empfindungslose Automaten seien, so wären alle hier angestellten Überlegungen hinfällig. Heutzutage besteht aus wissenschaftlicher Sicht kaum Zweifel daran, dass Wirbeltiere empfindungsfähig sind und sowohl physischen als auch psychisches Leid durch Angst, ‚Stress' usw. erleiden können. Im Jahr 2000 wurde z.B. ein Experiment mit Masthühnern durchgeführt, bei dem die Leidensfähigkeit der Vögel getestet werden sollte. Hierzu wurde 120 Hühnern, von denen die Hälfte lahm war, normales Futter und solches, das mit entzündungshemmenden Schmerzmitteln angereichert war, dargeboten. Die lahmen Hühner aßen bis zu 50 Prozent mehr von dem angereicherten Futter und konnten dadurch auch wieder besser laufen. In einer zweiten Studie stellte sich heraus, dass die Hühner, je kränker sie waren, umso mehr Schmerzmittel zu sich nahmen. Forscher folgerten aus diesem Verhalten, dass Hühner in der Lage seien, Schmerz zu empfinden und ein Interesse daran hätten, diesen zu lindern. (Vgl. Joy, S.58; Chambers et al. 2000; Vgl. d. a. Jasner 2010)

Insbesondere der französische Philosoph René Descartes trug im 17. Jahrhundert dazu bei, dass das ‚Gerücht' in die Welt kam, Tiere seien empfindungslose Automaten. Er selbst nagelte Hunde an deren Pfoten an ein Brett, um sie an lebendigem Leibe zu sezieren. (Vgl. Joy 2010:109). Obwohl nicht nur diverse Studien mittlerweile diese Annahme widerlegen, in den meisten Ländern infolgedessen Tierschutzklauseln eingeführt worden sind und auch der gesunde Menschenverstand das Leiden eines Tieres mit bloßem Auge erkennt, hält sich dieses Vorurteil doch hartnäckig. Nach Singer erfüllt es nämlich eine Rechtfertigungsfunktion. Durch das Negieren oder Relativieren der Empfindungsfähigkeit von Tieren wird Gewalt gegen Tiere legitimiert und ein schlechtes Gewissen bezüglich den Tieren zugefügter Gewalt im Keim erstickt. (Vgl. Singer 1995:41) In ähnlicher Weise wurde zu Zeiten der Sklaverei afrikanischer Mitmenschen das Argument angeführt, Menschen mit schwarzer Hautfarbe empfänden weniger Schmerz, um deren gewaltvolle Behandlung zu rechtfertigen. (Vgl. Joy 2010:56)

Die sprachliche Vergegenständlichung von Tieren, auf die im Weiteren noch genauer eingegangen wird, kann auch als Strategie betrachtet werden, um die Empfindungsfähigkeit von Tieren zu verdrängen und zu missachten. (Siehe dazu Kapitel 3.1.1.)

2.2.3. Karnismus

Wie im vorangegangen Abschnitt gesehen, bezeichnet Speziesismus eine Einstellung, die zu Benachteiligung und Diskriminierung von Tieren führt. Bei der speziesistischen Ungleichbehandlung von Tieren durch den Menschen bestehen allerdings verschiedene Abstufungen. Manche Tiere (z.B. Heimtiere) werden zuweilen innerhalb einer Familie nahezu wie ein ebenbürtiges Mitglied behandelt, während andere Tiere (z.B. Nutztiere) starke Benachteiligung erfahren, indem sie z.b. eingesperrt, geschlachtet und gegessen werden. Die menschliche Moral gegenüber Tieren allgemein könnte somit als uneinheitlich und ambivalent gekennzeichnet werden. Die Sozialpsychologin Melanie Joy (2010) beschäftigt sich mit der Frage, woher die Inkongruenz, die darin bestehe, nur bestimmte Tierarten zu essen, rührt. Sie prägte in diesem Sinne den Begriff „Karnismus" (*carnism*: *carne* (Fleisch) + ismus) oder zu Deutsch auch „Fleischessertum" (Petrus 2013). Karnismus bezeichnet ein *unsichtbares* Glaubenssystem, das nach Joy in den meisten Kulturen vorherrsche und bedinge, dass wir uns von Tierarten, über die wir gelernt hätten, sie seien essbar, psychisch und emotional lösten, um reinen Gewissens deren Fleisch verzehren zu können. Karnismus gilt als Unterform von Speziesismus, insofern als das Aufziehen von Tieren zwecks Fleischgewinnung als spezielle Form der speziesistischen Ungleichbehandlung gilt. Adams bezeichnet das Fleischessen als den „zentralen Knackpunkt des Speziesismus", da es die Grundlage für andere Formen der Unterjochung von Tieren biete:

> Wenn wir Tiere umbringen, schlachten und verzehren, können wir genauso gut mit ihnen experimentieren, ihnen Fallen stellen, sie jagen, sie ausbeuten und sie an Orten züchten, wo sie eingesperrt sind, wie in Massentierhaltungsbetrieben und Pelztierfarmen. (Adams 2002:80)

Joy (2010) beschäftigt sich insbesondere mit der Frage, warum manche Tierarten gegessen werden und andere nicht. Dazu hat sie ein Gedankenexperiment erdacht, das hier kurz zusammengefasst werden soll. Man stelle sich folgende Situation vor:

Man ist zum Abendessen beim neuen Nachbarn eingeladen. Die Stimmung ist ausgelassen. Dann wird ein köstliches Fleischgericht serviert. Nach dem Essen erkundigt sich jemand angesichts des vorzüglichen Geschmacks nach dem Rezept. Der Gastgeber antwortet geschmeichelt von den vielen Komplimenten, das Geheimnis des Gerichts liege allein in dem guten Fleisch – dem Fleisch von Golden-Retriever-Welpen(!)… (Vgl. Joy 2010:11)

Den meisten Menschen würde sich vermutlich sprichwörtlich der Magen herumdrehen, wenn sie erführen, dass sie gerade Hundefleisch gegessen hätten. Obwohl es für die meisten Menschen normal ist, das Fleisch von Schweinen oder Rindern (und deren Kälbern) zu essen, ist das Essen von Hunden und deren Welpen in ‚westlichen' Gesellschaften in der Regel verpönt.

Wie also, fragt Joy, kommt es, dass es als normal gelte das Fleisch von Nutztieren zu essen, während das Fleisch von Heimtieren abgelehnt werde? Joy erklärt dies mit der Unterscheidung, die in den meisten Kulturkreisen zwischen „essbaren" und „nicht-essbaren" Tieren gemacht werde. (Joy 2010:13)

2.2.3.1. Kategorisierung „essbare" und „nicht-essbare" Tiere

Bevor wir näher auf die Kategorisierung von „essbaren" und „nicht-essbaren" Tieren eingehen, soll zunächst erläutert werden, was aus psycholinguistischer Sicht unter „sprachlichen Kategorien" zu verstehen ist.

Konzeptuelle und – wenn sie „in Sprache niedergelegt sind" (Pörings/Schmitz 1999:15) – *sprachliche Kategorien* haben Teil an der Wissensorganisation, die es erlaubt, Informationen im Gedächtnis zu speichern und wieder abzurufen. Man spricht von sogenannten mentalen Repräsentationen. Eine umfassende Darstellung des komplexen Themas der mentalen Repräsentationen mit Berücksichtigung unterschiedlicher Auslegungen kann an dieser Stelle nicht geleistet werden.[14] Für die Zwecke der vorliegenden Arbeit soll es genügen, generelle Annahmen über mentale Repräsentationen in groben Zügen darzustellen.

Mentale Repräsentationen bilden die Grundlage für die Strukturierung und Organisation von Wissen und die effiziente Verarbeitung von Informationen. (Vgl. Schmidthals 2005:37) Nach einer allgemeinen Definition sind mentale Repräsentationen innere Abbilder, die durch die Reize der Umwelt, die auf Personen wirken, geschaffen werden. Ein äußerer Reiz bzw. dessen äußere oder innere Merkmale wird bzw. werden also „im kognitiven System des Menschen in eine entsprechende Form übersetzt" (Schmidthals 2005:37). Kurz gesagt: Mentale Repräsentationen bilden im Gedächtnis die äußere Welt ab. (Vgl. Schmidthals 2005:37f.)

Nach Anderson (1996) werden prinzipiell *wahrnehmungsbezogene* (imaginale) von *bedeutungsbezogenen* (konzeptuellen) Wissensrepräsentationen – zu denen die Kategorien gehören - unterschieden. (Anderson 1996:133ff.) Wahrnehmungsbezogene Repräsentationen

---

[14] Jäger (2012) gibt zudem zu bedenken, dass eine vollständige Erfassung des Zusammenhangs von Diskurs und Kognition nicht zu leisten sei, da noch unbekannt sei, „wie das individuelle Gehirn Bedeutungen erzeugt und vernetzt". Einigermaßen sicher sei nur, „*dass* das individuelle Bewusstsein dies tut und die Inhalte, die ihm durch den Diskurs vorgegeben sind, aufnimmt und verarbeitet, so dass es keine Schwierigkeiten bereitet, von den *Wirkungen* des Diskurses auf das individuelle Bewusstsein zu sprechen." (20)

entsprechen in etwa dem sinnlich Wahrgenommenen – d.h. sie „enthalten viel von der Struktur der ursprünglichen Wahrnehmungserfahrung" (Schmidthals 2005:38). Bedeutungsbezogene, also konzeptuelle Repräsentationen hingegen sind „weiter von der Art der sinnlichen Erfahrung entfernt" (ibid.) – d.h. die sinnliche Erfahrung tritt in den Hintergrund und wird z.B. durch sprachlich-semantische Repräsentationen ersetzt. Im Gedächtnis wird dabei eher die *konzeptuelle* Eigenschaft der wahrgenommenen Information gespeichert als die sinnliche Wahrnehmungserfahrung. Dies geht nach Anderson mit einer „bedeutsamen Abstraktion [einher], die von den (sensorischen) Erfahrungen [...] wegführt" (Anderson 1996:147). Dabei wird das „Bedeutsame eines Ereignisses herausgefiltert" und vom „Unwesentlichen abstrahiert" (Anderson 1996:133). Informationen können auf diese Weise effizient verarbeitet und geordnet sowie ökonomisch im Gedächtnis gespeichert werden. (Vgl. Schmidthals 2005:38)

Werden Informationen auf diese Weise zu Gedächtnisinhalten abstrahiert und im Wissensgedächtnis abgelagert, so spricht man von *konzeptuellem* oder *kategorialem Wissen.* (Vgl. Anderson 1996: 147/149). Pörings/Schmitz (1999) definieren ein Konzept als „Vorstellung davon, wie etwas in der Realität ist" (15). Konzepte können sich auf einzelne gedankliche Elemente (z.B. eine bestimmte Person) beziehen oder auch auf ein ganzes Set von gedanklichen Elementen. Das Konzept „Tier" bezieht sich beispielsweise auf eine Reihe gedanklicher Einheiten wie „Hund", „Käfer", „Fisch" etc. Solche Konzepte, die mehrere gedankliche Einheiten zusammenfassen, nennt man auch konzeptuelle oder sprachliche *Kategorien.* (Vgl. Pörings/Schmitz 1999: 14f.)

Konzepte als Form mentaler Repräsentationen bilden somit die Grundlage für das Zuordnen von Wahrgenommenem zu Kategorien. (Vgl. Anderson 1996:147) Die Zuordnung zu Kategorien erfolgt über „das Erkennen des konzeptuell Gemeinsamen" (Schmidthals 2005:62). Es wird von individuellen Objekten abstrahiert und gemeinsame Merkmale werden extrahiert. Diese Zuordnung zu einzelnen Kategorien ist unerlässlich, um die diffuse tagtäglich rezipierte Reizmenge zu bewältigen. Neue Informationen und Eindrücke werden interpretiert, indem Neues mit im Langzeitgedächtnis gespeicherten Konzepten abgeglichen und bei Erkennen von Identität oder Äquivalenz den jeweiligen Konzeptkategorien zugeordnet wird. (Vgl. Fairclough, 1989:10f)

Konzeptbildung und Kategorisierung stehen in enger Beziehung zueinander. Durch das Zuweisen zu Kategorien können mentale Vorstellungen, zu denen die Konzepte zählen, mental sortiert werden. Das Zuordnen von außersprachlichen Gegebenheiten zu sprachlichen Kategorien erfolgt meist automatisch: „Immer wenn wir etwas wahrnehmen, ordnen wir es unmittelbar in Kategorien ein." (Pörings/Schmitz 1999:15) Neue und alte Informationen werden auf diese Weise geordnet und bewertet. Diese Ordnung ist für das menschliche Denken unabdingbar, da ansonsten die alltäglich auf uns einprasselnden Eindrücke und Informationen gar nicht verarbeitet werden könnten. Dem Zuordnen zu Kategorien liegt nicht so etwas wie eine „objektive Realität" zugrunde, sondern „unsere Wahrnehmung, unser Wissen und unsere Einstellung [...] kurz unsere menschliche Erfahrung" (15). Die Einteilung in sprachliche Kategorien ist demnach per se (im moralisch neutralen Sinne) anthropozentrisch, da sie aus menschlicher Sicht und nach menschlichen Kriterien erfolgt. Als Mitglieder einer Sprachgemeinschaft übernehmen wir in der Regel die vorhandenen Kategorien unhinterfragt in unser eigenes Denken.

Meist bestehen Kategorien aus unterschiedlichen Abstraktionsstufen und einem verzweigten Netz aus untergeordneten Subkategorien oder auch „Oberbegriff-Unterbegriff-Relationen" (Anderson 1996:147). Wollen wir also vom Begriff „Golden Retriever" bzw. vom allgemeineren Konzept „Hund" sprechen, so könnte man von einer übergeordneten Kategorie „Lebewesen" ausgehen, die mit verschiedenen untergeordneten Kategorien verzweigt wäre: Mensch, Tier, Pflanze, etc. Der Kategorie „Tier" könnte auf einer untergeordneten Hierarchie- bzw. Abstraktionsebene mit der Kategorie „Heimtier" oder auch – nach Melanie Joy (2010) – „nichtessbare Tiere"[15] vernetzt sein. Das Konzept „Nutztiere" wird hingegen in einer eigenen Unterkategorie der Kategorie „Tier" repräsentiert, die nach Melanie Joy prinzipiell[16] mit dem Konzept „essbare Tiere" gleichzusetzen sei. (Vgl. Joy 2010:14f.) Die Information, dass bestimmte Tiere essbar seien, ist vermutlich zugleich bei einem hierarchiehöheren Konzept, etwa bei „Nahrungsmittel", gespeichert. (Vgl. Anderson 1996:149)

Die im Langzeitgedächtnis gespeicherten Informationen über Tiere, die in die Kategorie „Nutztier" fallen (wie Schweine, Kühe, Hühner etc.) unterscheiden sich nach Joy grundlegend von jenen, die über Tiere der Kategorien „Heimtiere" gespeichert sind. Werde der Begriff „Golden Retriever" in Verbindung mit „Fleischessen" oder „Schlachten" genannt, so passe dies nach Joy (2010) nicht zum Konzept „Heimtier" und rufe daher bei vielen Menschen ein

---

[15] „Heimtiere" und „nichtessbare Tiere" sind zwei Kategorien, die sich zwar überschneiden, sich jedoch nicht vollständig decken. Schließlich gibt es Fälle, in denen Tiere gleichzeitig unter die Kategorie „Heimtier" und „essbares Tier" fallen, wie zum Beispiel in der privaten Kaninchenzucht.

[16] Die Kategorien „Nutztier" und „essbares Tier" überschneiden sich zwar zum Teil, es gibt jedoch auch Nutztiere, die nicht geschlachtet, bzw. nicht zum Verzehr geschlachtet werden und demnach nicht zum Konzept „essbare" Tiere passen, wie zum Beispiel in der Pelzindustrie. Umgekehrt gibt es „essbare" Tiere, die aber nicht als Nutztiere gelten, da sie nicht gehalten werden, namentlich jagdbare Tiere oder freilebende Fische.

Gefühl der Ablehnung hervor. Denn das Konzept „Heimtier" bzw. „nichtessbares Tier" beinhalte nach Joy die Konnotation eines lebendigen und vielleicht als sympathisch empfundenen Hundes. Mit dem Fleisch von Tieren aus der Kategorie „essbar" hingegen verbänden wir andere Konnotationen – wie dessen Geschmack und Geruch, die Art der Zubereitung oder den Nährwert – wir denken weniger an ein lebendiges Rind, Schwein, Lamm oder Huhn, von dem es stammen könnte. Joy spricht in diesem Zusammenhang von einer Dichotomie. Die beiden Kategorien „essbar" und „nichtessbar" würden als dualistische Gegensätze mit Werten beladen, die meist auf wenig und unangemessener Information beruhten. (Vgl. Joy 2010:122)

Joy vermutet, dass die Kategorisierung von Tieren in „essbar" und „nichtessbar" dazu führe, dass der gedankliche Vorgang, der eine Verbindung zwischen dem Produkt „Fleisch" und dem lebendigen Tier, von dem es stammt, herstellen würde, übersprungen werde, insofern es sich um Nutztiere handle. Demnach führe diese Kategorisierung zu Vorurteilen und zu Diskriminierung von bestimmten Tierarten. Wie wir innerhalb eines Kulturkreises mit einer Tierart umgehen, hänge, so Joy, nur begrenzt mit dem Tier und dessen individuellen Eigenschaften selbst zusammen, sondern eher mit unserer Wahrnehmung und Kategorisierung. In jedem Kulturkreis herrsche eine stille Übereinkunft darüber, welche Tiere in die Kategorie „essbar" gehörten und welche nicht. Aus allen Tierarten habe sich im Laufe der Zeit in jeder Kultur eine gewisse Anzahl von Tieren herauskristallisiert, die als essbar gelten. Obwohl diese Auswahl von Kultur zu Kultur variiere, tendierten die Mitglieder einer jeden Kultur im Allgemeinen dazu, die eigene Wahl als moralisch erhabener und vernünftiger einzuschätzen und das Essen von gesellschaftlich nicht dazu deklarierten Tierarten hingegen als unappetitlich und unzivilisiert. (Vgl. Joy:15ff)[17]

Die Zuteilung zur Kategorie „essbar" bzw. „Nutztier" gilt wie gesagt aus speziesismuskritischer Sicht als problematisch, da mit dieser Zuordnung eine Ungleichbehandlung und Benachteiligung einhergeht. Joy vermutet, dass es Menschen leichter falle, ein Tier (bzw. dessen Fleisch) zu essen, wenn das Tier von Geburt an dazu ‚bestimmt' sei, geschlachtet zu

---

[17] Nahrungstabu Hundefleisch: Während es in 44 Staaten der Welt, wie China, Vietnam oder Korea legal ist, Hundefleisch in Massentierhaltung zu produzieren und zu essen, ist es in den meisten westlichen Staaten verboten und verpönt. Unbestritten seien Hunde wundervolle Tiere, schreibt Foer, doch „wenn es um ihren Intellekt und ihr Erfahrungswissen geht, sind sie bemerkenswert und unbemerkenswert, [denn] Schweine sind in jeder Hinsicht mindestens genauso intelligent und empfindsam." (Foer 2010:35)

werden und allein zu diesem Zwecke gezüchtet werde (Vgl. Joy 2010:122) Die Autorin Karen Duve formuliert dieses Phänomen wie folgt:

> Es liegt am Etikett. Wenn nicht "bester Freund", sondern "Nutztier" draufsteht, hört sich das an, als wären Kühe dazu da, geschlachtet zu werden oder Milch zu geben. Aber Tiere sind nicht per se zur Ausbeutung für Menschen da. Genauso wenig, wie Frauen für Männer da sind oder schwarze Menschen für weiße. Die Leute nehmen hin, dass Tiere gequält werden, wenn man ihnen versichert, dass es die Bestimmung der Tiere sei. Sie nehmen alles hin. (Hildebrandt 2013)

Mentale Repräsentationen spielen bei der Kritischen Diskursanalyse eine wichtige Rolle. Nach Van Dijk sind sie Teil einer „sozialen Wahrnehmung" (*social cognition*) (1997:27), denn Mitglieder einer Gesellschaft teilten durch die aktive und passive Teilnahme an Diskursen in etwa dieselben oder ähnliche mentale Repräsentationen. Durch die diskursive Verankerung und Verbreitung von Ideologien werden die individuellen mentalen Repräsentationen eines jeden Gesellschaftsmitglieds und damit wiederum dessen Handlungen beeinflusst. (Vgl. Stibbe 2001:148) Auch die Zuordnung von Tierarten zu bestimmten Kategorien und die dahinterstehenden Ideologien Speziesismus und Karnismus sind, wie sich zeigen wird, diskursiv verankert und werden durch Diskurs reproduziert und gefestigt. Faiclough (1989) bezeichnet die den Kategorien zugrunde liegenden mentalen Repräsentationen kollektiv als *members resources* (MR). Bei einem kommunikativen Verstehensprozess werde eine sprachliche Äußerung beim Empfänger abhängig von den vorhandenen (im Langzeitgedächtnis gespeicherten) MR interpretiert. Fairclough postuliert, dass die MR gesellschaftlich bestimmt und ideologisch geprägt seien, wobei die Annahme, es handle sich um Urteile des gesunden Menschenverstands und das Automatische und Unbewusste solcher Verstehensprozesse zu einer Verschleierung dieses Umstandes führten. Da MR zumeist unreflektiert und automatisch angewandt würden, seien sie ein kraftvolles Mittel, um die Machtverhältnisse, die ihnen zugrunde liegen, aufrechtzuerhalten. (Vgl. Fairclough 1989:10f)

2.2.3.2. Kognitive Dissonanz

Joy nimmt an, dass die Kategorisierung von Tieren in Essbares es erst ermögliche, dass ein System, in dem ein karnistisches Glaubenssystem vorherrsche, funktioniere. Durch das Abstrahieren vom individuellen Tier zu dem Konzept „Nutztier", gerieten das individuelle Tier und dessen Bedürfnisse in den Hintergrund. Es würden Vorurteile genährt, die im Falle von Nutztieren zu Diskriminierung führten. Tiere werden teils als „Partnersubjekte", teils als „Nutzungsobjekte" betrachtet bzw. behandelt, je nachdem, ob sie als Heimtiere oder als Nutztiere gehalten werden. (Köhler 2005:147) Dieses ambivalente Verhältnis der Menschen zu Tieren kann auch unter dem Aspekt der *kognitiven Dissonanz* beleuchtet werden.

Das Phänomen der kognitiven Dissonanz bezeichnet nach Festinger (1957) „einen psychisch unbequemen Zustand, den eine Person zu reduzieren und zu vermeiden trachtet" (Festinger 1957:2). Dieser Zustand tritt auf, „wenn zwei miteinander verbundene kognitive Elemente psychologisch nicht zueinander passen" (ibid.).

Normalerweise streben Menschen nach Konsequenz und Folgerichtigkeit und Übereinstimmung ihres Denkens und Handelns. In der Regel würde man, so Festinger, wenn man etwas für gut und richtig befindet, auch danach handeln. (Festinger 1957:1) Es gibt jedoch viele Beispiele für inkonsequentes Handeln. So könnte eine Person z.B. davon überzeugt sein, dass Rauchen schädlich sei, es aber dennoch nicht aufgeben. Diese scheinbare Inkonsequenz würde aber nach Festinger von der betreffenden Person psychologisch zumeist nicht als eine solche empfunden. Denn die Person versuche in der Regel, die Inkonsequenz kleinzureden, indem weitere Argumente herangeführt würden, wie (1) Rauchen sei das gesundheitliche Risiko wert, da die Person es sehr genieße; (2) das gesundheitliche Risiko sei gar nicht so hoch wie vermutet; (3) man könne im Leben ohnehin nicht jedes Risiko vermeiden; (4) wenn man aufhörte zu rauchen, würde man vielleicht an Gewicht zulegen, was wiederum schlecht für die Gesundheit sein könne; etc. Gelinge es allerdings *nicht* eine solche Inkonsequenz argumentativ ‚wegzudiskutieren', so würde sie psychologisch als unangenehm empfunden. Diesen Zustand bezeichnet Festinger als „kognitive Dissonanz". Der Mensch strebe im Allgemeinen danach, diesen Zustand zu vermeiden oder das Empfinden von Inkonsequenz zu reduzieren, und aktiv Situationen und Informationen meiden, die das Empfinden kognitiver Dissonanz erhöhen könnten. Zur Dissonanzreduktion oder -auflösung bediene sich der Mensch, so Festinger, unterschiedlicher Strategien. Diese betreffen entweder eine Änderung des Verhaltens oder eine Änderung des Denkens. (Vgl. Festinger 1957:1ff.)

Der Konsum konventionell produzierter tierischer Lebensmittel und die Kenntnis von als kritisch beurteilten Tierschutzaspekten in der konventionellen Nutztierhaltung könnten zu einem Zustand von kognitiver Dissonanz führen. (Vgl. Köhler 2005:148) Eine Änderung des Konsumverhaltens oder eine Änderung der als kritisch beurteilten Zustände könnte diese Dissonanz auflösen. Da eine Änderung des Verhaltens aber häufig mit Schwierigkeiten einhergehe, werden nach Köhler andere Wege der *Dissonanzreduktion* gewählt. Diese Wege betreffen die kognitive Ebene – zum Beispiel, indem die Bewertung des eigenen Verhaltens verändert werde, oder bestimmte Informationen verdrängt, vergessen oder ignoriert würden. Das hieße,

„eine Person, die eine moderate Dissonanz zwischen dem eigenen Konsum tierbasierter Lebensmittel und tierschutzbezogenen Kognitionen spürt", würde sich „über ihren Konsum tierischer Lebensmittel oder die Zustände in der Nutztierhaltung täuschen", indem sie „rechtfertigende oder Dissonanz auflösende Informationen" sucht bzw. Informationen über Zustände in der Nutztierhaltung meidet oder „die Verantwortlichkeit anderen Akteuren zuweist". (Köhler 2005:149) Auch eine höhere Gewichtung positiver Aspekte des Konsums tierischer Produkte (Geschmack, angenommener gesundheitlicher und sozialer Wert etc.) und eine geringere Gewichtung negativer Aspekte (Tierleid, Ressourcenverschwendung etc.) könnten zur Dissonanzauflösung beitragen. Auch bei verarbeiteten Produkten dürften, so Köhler, Verdrängungs- und Vergessensprozesse relativ leichtes Spiel haben. (Vgl. Köhler 2005:149)

2.2.3.2.1. Verantwortungsverschiebung

Eine wichtige Strategie der Dissonanzbewältigung könnte in der Verantwortungsverschiebung liegen. Allgemein könnten Schuldgefühle für die gegen das tierliche[18] Interesse laufende Behandlung eines Tieres vermieden werden, indem die Verantwortung dafür nicht sich selbst, sondern anderen zugeschoben werden. Dies kann nach Köhler erfolgen, indem die Schuld mittels Abwertung des Opfers auf es selbst abgewälzt werde. Eine weitere Möglichkeit bestehe darin, die Schuld bzw. Verantwortung (bewusst oder unbewusst) anderen Tieren zuzuschieben, wie z.B. bei der Jagd den an der Jagd beteiligten Hunden, oder auch anderen Menschen oder auf Sachverhalte, die außerhalb der eigenen Kontrolle liegen. So könnten Verbraucher z.B. der Politik, der Wirtschaft oder den Landwirten die Verantwortung für eine als bedenklich wahrgenommene Tierhaltung zuschieben, Landwirte wiederum könnten die Schuld von sich weisen, indem sie darauf hinweisen, dass der Markt und die Verbraucher sie unter Preisdruck setzten. Zudem könnten, so Köhler, Schuldgefühle von Verbrauchern im Hinblick auf die Schlachtung von Tieren zu Nahrungszwecken vermieden oder neutralisiert werden, indem man sich auf die Auffassung berufe, das Verzehren von Fleisch sei in gewissen Mengen unabdingbar für eine gesunde Ernährung. (Vgl. Köhler 2005:156) Joy nennt als solche Sachverhalte, die außerhalb der eigenen Kontrolle liegen, die drei für das Essen von Fleisch scheinbar geltenden „N"s: notwendig (1), natürlich (2) und normal (3). (Vgl. Joy 2010:96ff.) Über eine ernährungsphysiologische Notwendigkeit (1) des Fleischessens besteht

---

[18] Ich verwende in diesem Zusammenhang und an anderen Textstellen das Adjektiv „tierlich" anstelle von „tierisch", da es nicht abwertend konnotiert ist: Vergleiche: „kindisch/kindlich, „weibisch/weiblich".

wohl bis heute nicht endgültig Einigkeit. Immerhin empfehlen verschiedene Organisationen, wie die Amerikanischen Gesellschaft der Ernährungswissenschaftler und des Verbandes kanadischer Ernährungswissenschaftler eine „vernünftig geplante vegetarische Kostform [als] gesundheitsförderlich und dem Nährstoffbedarf angemessen, sowie einen gesundheitlichen Nutzen für Prävention und Behandlung bestimmter Erkrankungen [erbringend]" (Craig et al. 2009). Zur Natürlichkeit (2) des Fleischessens lässt sich allgemein sagen, dass „Natürlichkeit" an sich ein schwer zu fassendes Konzept ist. Joy zufolge ist die Ideologie des Karnismus in unserer Gesellschaft und in unserem Denken und Handeln so tief verwurzelt ist, dass sie als gegeben und natürlich *wahrgenommen* werde. Die Tatsache, dass der Mensch seit etwa ein bis zwei Millionen Jahren Mischköstler und damit auch Fleischfresser sei, könne jedoch, so Joy, kaum als hinlänglicher Rechtfertigungsgrund dafür gelten, diese Tradition fortzuführen. Schließlich wurden Kindstötungen, Mord, Vergewaltigung und Kannibalismus usw. mindestens genauso lange praktiziert. (Vgl. Joy 2010:107) Ähnlich wie Normen, werden auch vermeintliche „Naturgegebenheiten" zum Teil gesellschaftlich konstruiert. So gab es Zeiten, da galten Afrikaner als „natürlicherweise" für die Sklaverei geeignet; Juden galten als „natürlicherweise" böse und bedrohlich für Deutschland und mussten daher angeblich ausgerottet werden; es lag in der „Natur" der Frau, dem Mann untergeordnet und Besitz zu sein; Nutztiere existieren „natürlicherweise" für den Verzehr durch den Menschen. (Vgl. Joy 2010:107f.) Der Mensch als ominvores (allesfressendes) und selbstreflektiertes „Tier" könne sich, so Joy, entscheiden, ob er sich auf pflanzlicher oder tierischer Basis ernähre. Zudem stelle sich die Frage, wie „natürlich" es sei, dass der Mensch sein Fleisch zumeist nicht roh verzehre, sondern es erhitzt, würzt und filetiert, bevor er es als genießbar empfindet. (Vgl. Joy 2010:107f.) Adams gibt zudem zu bedenken, dass es das institutionalisierte Schlachten nur beim Menschen gebe: „Alle fleischfressenden Tiere töten und verzehren ihre Beute selbst. Sie sehen und hören ihre Opfer, bevor sie sie fressen. Hier gibt es keinen abwesenden Referenten, nur einen toten." (Adams 2002:54) (Vgl. dazu Kapitel 2.2.3.3.)

Zu dem Argument, Fleischessen sei normal (3), lässt sich sagen, dass soziale Normen generell gesellschaftlich konstruiert werden. Sie sind weder angeboren, noch gottgegeben, sie werden von Menschen geschaffen und aufrechterhalten – und sind dem Wandel der Zeit unterworfen. Normen ändern sich jedoch nur langsam, da der Mensch sich als soziales Wesen normalerweise den in einer Gesellschaft herrschenden Normen unterwirft. Die einfachste Strategie, um ein Leben innerhalb einer Gesellschaft zu gestalten, ist nach Joy die Anpassung an die Norm: „The path of the norm is the path of least resistance." (Joy 2010:108) Die Tatsache, dass Fleischessen als normal und natürlich gilt, führe laut Joy dazu, dass die meisten Menschen dabei blieben, selbst wenn sie moralische Bedenken hätten. (Joy 2010:106) Normalismus kann laut Jäger (2012) als vorherrschender Kulturtyp westlicher Industriegesellschaften angesehen werden. (53) Die Normalität bestimmter Praktiken und Einstellungen kann ähnlich der in Kapitel 1.3. erwähnten ideologischen Annahmen durch Sprache verbreitet werden. Nach Jürgen Link (2006) wird mit Normalismus die Gesamtheit aller Diskurse bezeichnet, durch die in modernen Gesellschaften ‚Normalitäten' produziert und reproduziert werden. (Vgl. Jäger 2012: 53)

Darüber hinaus könne die Verantwortung nach Köhler übernatürlichen Akteuren zugeschrieben werden. Tatsächlich wurde früher und wird heute noch in vielen ‚Naturvölkern' die Verantwortung für Tiertötungen oftmals den Göttern zugeschrieben. Da es in ihrer Vorstellung die Götter waren, die die Tieropfer verlangten, hatten sie letztlich auch den Tod der Tiere zu verantworten. Somit wurde das Töten durch den ‚Willen Gottes' bzw. der Götter legitimiert. Laut Köhler durfte in vielen Kulturen nur geopfertes Fleisch verzehrt werden. In ‚westlichen' Gesellschaften, auf die die vorliegende Arbeit spezifiziert ist, spielen religiöse Tieropfer keine Rolle mehr. Es wäre daher nicht völlig abwegig, zu vermuten, dass heutzutage bewusst oder unbewusst andere Strategien der Verantwortungsverschiebung genutzt werden. (Vgl. Köhler 2005:156)[19]

2.2.3.3. Die fehlende Verknüpfung/ der abwesende Referent

Wir wollen an dieser Stelle nochmals die Frage aufgreifen, die Joy (2010) stellt: Warum ist uns das Leiden der Schweine, von denen der Schinken stammt, so gleichgültig, während wir unsere ‚Haustiere' niemals essen würden? Joy beantwortet diese Frage damit, dass eine Lücke in unserem Wahrnehmungsprozess bestehe, eine fehlende Verknüpfung in unse-

---

[19] Als Mitglied einer „karnistischen" Gesellschaft nimmt man nach Joy die Normalität des Fleischessens hin, ohne sie je ernsthaft zu hinterfragen. (Vgl. Joy 2010:28) Aus speziesismus-kritischer Sicht ist dieses fehlende Hinterfragen problematisch. In einem Wirtschaftssystem, in dem Verbraucher in Supermärkten Produkte kaufen, die von überall aus der Welt stammen und deren Produktionswege in der Regel nicht nachvollziehbar sind, regiert eine Verantwortungs- und Straflosigkeit der Verbraucher gegenüber den konsumierten Produkten. In Bezug auf Produkte tierischer Herkunft ist die Verantwortungslosigkeit aus pathozentrischer Perspektive insofern problematisch, als es um das Wohlergehen empfindungsfähiger Lebewesen geht. Verbraucher, die die Herkunft von Produkten hinterfragen und sich mit deren Entstehung auseinandersetzen, übernehmen Verantwortung.

rem Bewusstsein (*the missing link*) (Joy 2010:17). Wir stellen, so Joy, keine Verbindung zwischen dem Stück Fleisch auf unserem Teller und dem lebendigen Wesen her, das es einmal war. Das Fehlen dieses Verbindungsstückes führe dazu, dass unsere Emotionen und Gedanken bezüglich des Fleisches und der Tiere blockiert würden. Die Assoziationen, die Gefühle und der Ekel, die bei Golden-Retriever-Fleisch unweigerlich hervorgerufen würden, seien bei bestimmten Tierarten, wie Kühen, Schweinen und Hühnern, „ausgeschaltet". Demnach sei nach Joy weniger der Ekel bei dem Gedanken an Golden-Retriever-Fleisch frappant, als vielmehr das *Fehlen* von Ekel, wenn wir Teile von Schweinen, Kühen oder anderen sogenannten Nutztieren äßen. Die Frage sei also weniger, warum wir ein Problem damit hätten, Hunde zu essen, sondern warum wir andere Tiere bedenkenlos verspeisen. Wir wüchsen damit auf, dass es „normal" sei, bestimmte Tierarten zu essen. Wohl die Wenigsten würden als Kinder gefragt, ob sie Tiere überhaupt essen möchten und ob es sich richtig anfühle, dies zu tun. Wir erlernten, so Joy, schon als Kinder, unser Mitgefühl, unsere Empathie für die „essbaren" Tierarten abzuschalten. Aus dieser Bewusstseinslücke folge weiter, dass uns ebenfalls nicht bewusst sei, dass wir eine Wahl hätten und eine Wahl träfen, indem wir das Fleisch jener Tierarten äßen. Schließe sich die besagte Lücke in unserer Wahrnehmung, vollziehe sich eine Bewusstseinsveränderung, infolge derer man alles Fleisch so wahrnehme wie das Golden-Retriever-Fleisch im oben stehenden Fallbeispiel. (Joy 2010:17f.)

Die Autorin Carol Adams (1990) bezeichnet diese „fehlende Verknüpfung" als abwesenden Referenten (*absent referent*). Ihrer Ansicht nach sind die Tiere, deren Fleisch wir verzehren, der abwesende Referent, durch dessen Abwesenheit das zu verzehrende Fleisch nicht mit dem ehemals lebendigen Tiere in Verbindung gebracht und somit die systematische Unterdrückung von Tieren ermöglicht würde. Ein ehemals lebendiges Wesen werde so zu einer konsumierbaren Ware, einem Produkt. Es bestehe demnach eine gekappte Verbindung (*disconnection*) zwischen dem Fleisch und dem dafür getöteten Tier. Ohne Tiere gäbe es, sagt Adams plakativ, kein Fleischessen und doch fehlten sie beim Akt des Fleischessens, da sie in Nahrungsmittel verwandelt wurden. (Adams 1990:13) Das Fleisch werde, so Adams, „ohne den Referenzpunkt des geschlachteten, blutenden und zerstückelten Tieres zu einem freischwebenden Bild" (Adams 2002:52). Der fehlende Referent, das Tier, werde darüber hinaus verzerrt dargestellt. Tiere würden in Werbung und Marketing als auf familiären Bauernhöfen freilebend und glücklich dargestellt. Es würden laut Adams Bilder kreiert, die zwar zu unserem Moralverständnis passten, jedoch nicht die Realität abbildeten. Nutztiere lebten faktisch in Gefangenschaft, doch in unserer Vorstellung lebten sie „artgerecht". (Admas 1990:19) Unser Sprachgebrauch trage, so Adams, maßgeblich zum Phänomen des abwesenden Referenten bei. Adams betont, die Tiere würden „durch Sprache entfernt, die die toten Körper umbenennt, bevor der Verbraucher sie isst" (Adams 2002:43). Wie wir in Kapitel 3.1.1. genauer sehen werden, wird die sprachliche Umbenennung der Teile, die wir von getöteten Tieren essen, als Mittel zur emotionalen und kognitiven Distanzierung von Tieren sowie zur Dissonanzbewältigung verstanden.

3. Anthropozentrismus in der Sprache

Wie in Kapitel 2.2.3.1. gesehen, teilt der Mensch Wahrgenommenes konzeptuellen und sprachlichen Kategorien zu. Dabei ordnet er die Welt im Hinblick auf seine eigenen Bedürfnisse. So unterscheiden wir z.B. Wichtiges von Unbedeutendem, Brauchbares von Unbrauchbarem, Gefährliches von Ungefährlichem, Essbares von Ungenießbarem usw. Bevor wir dazu gelangen, moralisch-anthropozentrischen bzw. speziesistischen Sprachgebrauch aufzuzeigen, sollen zur Einführung zunächst einige Beispiele dafür genannt werden, wo Ausprägungen von Anthropozentrismus in der Sprache auftauchen, die in Bezug auf Tiere moralisch *unbedenklich* sind.[20] Dazu zählen Wörter mit den Vorsilben „Schad-", Speise-", „Heil-", „Gift-" etc. (Fill 1993:106) Auch kann Unbrauchbarkeit für den Menschen durch Negierungen ausgedrückt werden – wie z.B. in „Unkraut". Ferner können Pflanzen und Pilze als *essbar, genießbar* oder *ungenießbar* benannt werden. Aus einem gefällten Baum macht der Mensch durch die Sprache „Brennholz", „Bauholz", „Möbelholz", etc. Der Begriff „Gift" beispielsweise bezieht sich speziell auf Substanzen, die dem *Menschen* bei Kontakt schaden bzw. tödlich sein können. Adjektive wie „schwer" vs. „leicht" sagen etwas darüber aus, wie viel Mühe es aus *menschlicher* Perspektive macht, bestimmte Gegenstände zu heben. Das Wort „Umwelt" impliziert den Standpunkt des Menschen, denn es bezeichnet zumeist die den *Menschen* umgebende Welt. (Vgl. Fill 1993:104)

Eine weitere Ausprägung des anthropozentrischen Sprachgebrauchs sind Begriffe mit positiven oder negativen Konnotationen. Zum Beispiel schwingen bei den Begriffen „Müll", „Schmutz", oder „Flecken" (zumeist) die Bedeutungen „wertlos" und „unerwünscht" mit, wobei es aus objektiver Sicht in der Natur keinen „Schmutz" oder „Abfall" gibt. Auch „Unordnung" existiert nur aus der menschlichen Perspektive und kommt in der Natur ansonsten nicht vor. Positiv konnotiert hingegen sind Begriffe wie „Ordnung", „sauber", „rein" und entsprechend die Verben „säubern" und „reinigen", die dazu dienen den als Mangel wahrgenommenen „schmutzigen" Zustand aufzuheben. Ebenfalls eher positiv klingen Tätigkeiten, die zugunsten der menschlichen Nützlichkeit in die Natur eingreifen. Dazu gehören unter anderem: „kultivieren von Böden", „erschließen", entwickeln, planieren, begradigen, etc. Im

---

[20] Aus ökologischer Sicht gibt es aber auch im Hinblick auf pflanzliche Organismen bedenkliche anthropozentrische Benennungen. Zum Beispiel schlägt Fill vor, anstelle von Begriffen wie „Rodung" oder „Abholzung", besser von „Baummord" oder „Waldsterben" zu sprechen, um sprachlich auf die Ausbeutung der Natur durch den Menschen aufmerksam zu machen.(Vgl. Fill 1993:110)

Gegensatz dazu klingen Bezeichnung dafür, dass die Natur sich „ein Gebiet zurückholt" deutlich negativ: „veröden", „verwildern", „überwuchern", etc. (Vgl. Fill 1993:105ff.)

Zum Teil sind solche Benennungen moralisch unproblematisch, da sie nur dazu dienen, die Welt gedanklich zu sortieren. Fill zufolge zeigen aber manche unserer Benennungen der Natur, „dass unsere Beziehung zur Natur die eines Ausbeuters" sei. Die Benennungen verfestigten diese Art der „einseitigen Benützung" (Fill 1993:103). Die Aufgabe der Ökolinguistik sei es, die Rolle der Sprache in der Beziehung des Menschen zur Natur zu untersuchen, in Frage zu stellen und einen Beitrag zur Verbesserung dieses Verhältnisses zu leisten. (Fill 1993:103) Wir wollen uns bei unserer Analyse auf die Beziehung des Menschen zu Tieren konzentrieren.

3.1. Distanzierender Sprachgebrauch

Im Folgenden sollen sprachliche Ausprägungen von moralisch bedenklichem Anthropozentrismus besprochen werden. Unter moralisch bedenklich ist im gegebenen Kontext ein Sprachgebrauch zu verstehen, der eine Diskriminierung und Ungleichbehandlung von empfindungsfähigen Tieren begünstigt – so könnte man sagen: ein speziesistischer Sprachgebrauch. Wir vermuten, dass insbesondere ein distanzierender Sprachgebrauch dazu führen kann, dass eine emotionale Distanz zu jenen Tieren aufgebaut wird, die zu wirtschaftlichen Zwecken ausgebeutet werden. Bei der Distanzierung durch einen anthropozentrischen Sprachgebrauch geht es allgemein darum, bestimmte Gegebenheiten aus der Tier- und Pflanzenwelt „auf Distanz zu halten" (Fill 1993: 107). Diese Distanz verhindert, dass eine emotionale Beziehung zu den Tieren aufgebaut wird, die das Töten und das Zufügen von Gewalt bzw. deren Tolerierung erschweren würde.

Wie bereits angesprochen, wird vermutet, dass das ambivalente Verhalten gegenüber Heimtieren einerseits und Nutztieren andererseits mit dem Phänomen der kognitiven Dissonanz in Zusammenhang steht. Somit wird angenommen, dass die im Folgenden erläuterten Mechanismen und Strategien zur emotionalen und kognitiven Distanzierung des Menschen von bestimmten Tierarten mitunter auch Mittel zur Dissonanzreduzierung darstellen bzw. das Entstehen eines solchen kognitiven Störgefühls von vornehrein verhindern.

Serpell (1996) fasst die im Folgenden beschriebenen Mechanismen unter dem Sammelbegriff *Distanzierungsmechanismen* zusammen. (Vgl. Serpell 1996:186-211)[21] Die Mechanismen beziehen sich nicht immer ausschließlich auf die sprachliche Ebene, es wird jedoch stets der Schwerpunkt auf diese gesetzt. Die vorgestellten Subkategorien der Distanzierung sollen als Grundlage für die im empirischen Teil durchgeführte Diskursanalyse dienen.

3.1.1. Vergegenständlichung/Desubjektivierung

Nach Joy werden Tiere sprachlich zu Gegenständen gemacht und faktisch zum Teil auch so behandelt. (Joy 2010:117f.) Die sprachliche Vergegenständlichung trage, so Fill, dazu bei, das Töten und den Verzehr getöteter Tiere dem Bereich der Emotionen zu entziehen. (Fill 1993:108) Die sprachliche Distanzierung durch Vergegenständlichung beträfe demnach insbesondere Tiere, die gemeinhin der Kategorie „essbar" zugeordnet werden. Nach Petrus (2013) setzt die Kategorisierung von Tieren in Essbares voraus, dass wir uns emotional und kognitiv von ihnen distanzieren, indem die Tiere zu *Objekten* gemacht werden. Die „Verwandlung landwirtschaftlicher Nutztiere in Nahrungsmittel" erklärt Petrus somit vor einem Ansatz, den er als „Desubjektivierungsmodell" bezeichnet. Dessen Kernaussage lautet:

> Unser Unbehagen gegenüber dem Konsum tierlicher Produkte ist umso kleiner, je besser es uns gelingt, aus den Lebewesen hinter diesen Produkten Objekte zu machen, sie eben zu: *desubjektivieren*. (Petrus 2013)

Rechtlich gelten Tiere nicht als Sachen. Ihnen wird im deutschen, schweizerischen und österreichischen Gesetz eine besondere Rechtstellung zwischen den Kategorien „Personen" und „Sachen" zugesprochen. (Vgl. Steiger/Camenzind 2012:252) Laut Gesetz gelten Tiere zwar nicht als Gegenstände, sie können und werden jedoch sprachlich und faktisch in vielerlei Hinsicht so behandelt. Gegenstände kann man *kaufen*, *verkaufen* oder *besitzen* – ebenso Tiere. Dass diese Verben sowohl im Deutschen als auch im Englischen auch auf Tiere angewandt werden, zeige nach Stibbe (2001), dass die Sprache die ideologische Annahme in sich berge, dass Tiere – wie Gegenstände – als Besitz gelten können. (Stibbe 2001:151)

Gegenstände sind empfindungslos und können kein Leid erfahren. Die Vergegenständlichung von Tieren führe daher, so Adams (2002), dazu, dass ein Mensch nichts Verwerfliches tue, wenn er einem Tier Gewalt zufüge. Adams formuliert diesen Zusammenhang wie folgt:

---

[21] Serpell beruft sich dabei auf Maccoby (1982). Dieser prägte den Begriff der *distancing devices* im Zusammenhang von Menschenopfern als Distanzierungsmechanismen, die ein Individuum von moralisch bedenklichen Konsequenzen des eigenen Handelns distanzieren. Diese Mechanismen entstammen laut Serpell einem dissonanztheoretischen Hintergrund. (Vgl. dazu Serpell 1996:187)

> Durch die Vergegenständlichung kann ein Unterdrücker in einem anderen Lebewesen einen Gegenstand sehen. Der Unterdrücker tut diesem Lebewesen dann Gewalt an, indem er ihn wie einen Gegenstand behandelt. (Adams 2002:50)

Die diskursive Konstruktion von Tieren als Gegenstände ist nach Stibbe Ausdruck einer Ideologie, in der das Leiden von Tieren einen niedrigen Stellenwert erhält. (Stibbe 2001:155) Möller (2007) beschreibt die „Objektivierung"[22] von Tieren wie folgt:

> Tiere sind im grundlegendsten Sinne machtlos. Durch die Ausschaltung ihres Willens, ihrer Identität, ihrer Würde - ihres Lebens -, werden sie bzw. ihre Körper vermarktet und sie selbst zur Ware gemacht. So werden sie als Subjekte entwertet, verhöhnt und objektiviert. (Möller 2007:8)

Die Vergegenständlichung von Tieren erfolgt auf verschiedenen Ebenen. Einerseits werden Tiere den oben stehenden Überlegungen zufolge zum Teil *wie* Gegenstände *behandelt*, andererseits werden sie de facto *zu* Gegenständen *gemacht*, indem ihre Überreste zu Fleisch und Fleischprodukte verarbeitet werden.

Bei der Fleischproduktion werde, so Adams, auf faktischer Ebene bei der Schlachtung ein Lebewesen, indem es zerstückelt werde, von einem Subjekt zu einem bzw. mehreren Objekt/en. Auf die körperliche Zerstückelung folge nach Adams die Wiederholung dieser Zerstückelung auf sprachlicher Ebene. (Adams 2002:109) Nach Adams werde dabei, „der physische Vorgang des Schlachtens eines Tieres auf einer sprachlichen Ebene mit Worten der Vergegenständlichung und Zerstückelung wiederholt." (Adams 2002:51) Die Teile der geschlachteten Tiere würden so ‚umbenannt', dass die ehemals lebendigen Tiere hinter den Produktbezeichnungen verschwänden und nichts mehr an die Umstände ihrer Entstehung oder das ehemals lebendige Tier erinnere. Bei zubereitenden Fleischspeisen würden so aus Kühen „Rostbraten", „Steaks" oder „Hamburger"; aus Schweinen „Schnitzel", „Schinken" oder „Speck", aus jungen Hühnern *Chicken Nuggets*, etc. – die Tiere selbst würden nicht mehr erwähnt. (Adams 2002:51; Vgl. d. a. Fill 1997:108f.; Köhler 2005:152) Der moralische Anthropozentrismus zeigt sich an dieser Stelle deutlich, denn „das vergegenständlichte Wesen existiert nur noch durch das, was es für den Menschen darstellt" (Adams 2002:50).

Hinzu kommt, dass erlegte oder geschlachtete Tiere häufig in der Einzahl genannt werden, wenn entweder mehrere Einzeltiere oder nur Teile von einem Tier gemeint sind. Wir essen „Kalb" oder „Schwein", und nicht „ein Stück von einem Schwein". (Stibbe 2001:151) Man sagt „ganzes Huhn", obwohl ihm Federn, Füße und Kopf fehlen. Wenn man „dreimal Brat-

---

[22] Gemeint ist „Objektivierung" hier als Synonym zu „Vergegenständlichung" und „Desubjektivierung", also in der Bedeutung „zum Objekt machen".

hähnchen" bestellt, bestellt man in der Regel nicht drei Hähnchen, sondern, drei zubereitete Portionen von Überresten von Hähnchen. Durch solche Bezeichnungen werden die Tiere dahinter, so Adams, eliminiert und existieren sprachlich nur noch verfremdet als Nahrungsmittel. (Admas 2002:77)

Das lebendige Tier werde so zu einem Konsumprodukt und damit endgültig zum Objekt degradiert. So schreibt auch Köhler: „Im Begriff des Fleisches hat das Tier also aufgehört Subjekt und Selbstzweck zu sein [...]. Das Tier wird im Begriff des Fleisches zum Objekt menschlicher Bedürfnisbefriedigung." (Köhler 2005:153) Die „Umbenennung der zerstückelten Tierkörper" führt zum Phänomen des abwesenden Referenten, das in Abschnitt 2.2.3.3. diskutiert wurde.

Die Reduzierung der Tierkörper auf säuberlich präsentierte Fleischstücke führe nach Köhler dazu, dass das Stück Fleisch „teilweise seiner tierischen Herkunft entledigt" (Köhler 2005:152) werde. Köhler weist darauf hin, dass der Zusammenhang zwischen dem Tier und dem Fleisch nicht immer so stark verschleiert wurde wie heutzutage üblich. So sei es im Mittelalter noch gang und gäbe gewesen, dass ganze, unzerteilte Tiere auf den Speisetisch kamen, die dann erst während des Essens zerlegt wurden. Heutzutage würde der Anblick toter Tiere und ihrer Zerlegung als „peinlich" empfunden und daher zumeist „hinter die Kulissen verdrängt" und somit unsichtbar gemacht. (Vgl. Köhler 2005:152)

Diese „sprachliche Zerstückelung" nach Adams (2002) bzw. der Begriff des Fleisches an sich nach Köhler (2005) sowie das daraus folgende Phänomen des abwesenden Referenten wären demnach ein weiterer Aspekt der kognitiven und emotionalen Distanzierung von Tieren. Möglicherweise trägt dieser Prozess zum Phänomen der oben beschriebenen Dissonanzreduktion bei, insofern als ein potentieller psychischer Konflikt zwischen dem Verzehr tierischer Produkte und möglichen tierschutzrelevanten Bedenken auf diese Weise vermieden werden kann. So formuliert Köhler:

> Der Begriff des ‚Fleisches' wird auch darüber hinaus zu einem möglichen Mittel der Dissonanzreduktion, da das, was als Fleisch – im Sinne der engeren Definition als „essbares Tier" - aufgefasst wird in starkem Maße kulturell definiert wird. (Köhler, 153)

Hinter der Vergegenständlichung von Tieren durch den Sprachgebrauch steckt nach Adams eine Ideologie, die beinhalte, dass die massenhafte und industrialisierte Nutzung von Tieren zur Nahrungsmittelproduktion ein unverzichtbarer Teil des alltäglichen Lebens sei und dass die dabei angewandte Gewalt gegen Tiere verschleiert werden könne und solle. (Adams 1990:26f.)

Eine weitere Facette der Desubjektivierung und damit der Distanzierung von Nutztieren ist deren Darstellung als gleichgültig und willenlos gegenüber dem ihnen zugefügten Umgang. So schreibt Möller (2007), Kühe würden häufig (insbesondere in der Werbung) so dargestellt, als gäben sie *gerne* etwas von ihrer Milch ab, da sie ohnehin genug davon hätten. Die Willen- und Interessenlosigkeit bzw. die Freiwilligkeit seien jedoch nur vorgetäuscht. Denn gerade aufgrund der Existenz eines eigenen Willens, der gewissen Behandlungsmethoden entgegenstehe, müssten Tiere

> angekettet, teilweise bewegungsunfähig gemacht, mit Peitschen und Stöcken geschlagen oder mit Elektrostäben und anderen physischen Zwangsmitteln zu einer Handlung oder einem Unterlassen gezwungen werden. (Möller 2007:8)

Tiere würden in der Werbung der Nutztierindustrie laut Möller zuweilen als „willenlose Automaten" dargestellt:

> Die Stilisierung ihrer Körper als Milch- und Eier-„Lieferanten" oder Fleisch-„Produzenten", die Vortäuschung von Freiwilligkeit, Opferbereitschaft, Gleichgültigkeit gegenüber ihrer Gefangenschaft und ihrer Ermordung sowie die Inszenierung von Dumpfheit, Selbstvergessenheit und Einfalt als starre Merkmale der Tiere reproduziert die alte ideologische Vorstellung von Tieren als willenlose Automaten (wie schon bei Descartes) und leugnet ihre individuellen Persönlichkeiten und ihr individuelles physisches und psychisches Leiden. (Möller 2007:16)

Es ist zu vermuten, dass die Wahrnehmung von Tieren als „willenlose Automaten"[23] zu einer benachteiligenden Behandlung von Tieren führt und damit als speziesistische Praxis zu bewerten ist. Zu einem Automaten entwickelt ein Mensch schließlich keine emotionale Beziehung, da er kaum dazu neigt, sich mit einem solchen Objekt zu identifizieren. Folglich hätte man vermutlich auch weniger moralische Bedenken hinsichtlich des mangelnden Wohlergehens oder der Behandlung dieses *Objektes*.

Insgesamt sind die verschiedenen Ausprägungen sprachlicher Vergegenständlichung von Tieren als Form der emotionalen Distanzierung zu klassifizieren. Denn durch die Wahrnehmung von Tieren als *desubjektivierte* Gegenstände entfällt die Möglichkeit, sich mit den Tieren zu identifizieren und Empathie zu entwickeln. Aus speziesismus-kritischer Sicht wäre die Vergegenständlichung von Tieren wohl als moralisch bedenklich zu betrachten, da die Vermutung besteht, dass diese zu einer benachteiligenden Behandlung von Tieren führt.

---

[23] Siehe dazu auch Busse (2009)

3.1.2. Instrumentalisierung

Ein weiterer Aspekt, der anthropozentrischen Sprachpraxis, der eng mit dem Phänomen der „Objektivierung" von Tieren verknüpft ist, besteht in der bereits angesprochenen Kategorisierung von Tieren nach Zweckdienlichkeit. Ein Großteil der Benennungen von Tieren, Pflanzen und anderen Objekten aus der Natur enthält direkt oder indirekt eine Bewertung ihrer Nützlichkeit für den Menschen. Viele dieser Benennungen sind nach ökonomischen Prinzipien, d.h. nach dem größtmöglichen Nutzen für den Menschen ausgerichtet. (Fill:104). Dabei ist laut Steiger/Camezind (2012) von einer „übermäßigen Instrumentalisierung" zu sprechen,

> wenn dem Eigenwert des Tieres nicht genügend Rechnung getragen wird und es vollständig oder vorwiegend unter den Aspekten seiner Nutzung betrachtet wird. Der Wert des Tieres fällt dabei mit dem Wert seiner Verwertbarkeit zusammen. (254)

Die Instrumentalisierung von Tieren wird als Mittel der Vergegenständlichung und emotionalen Distanzierung des Menschen von Tieren bewertet. Aus pathozentrischer Sicht ist das Bewerten von Lebewesen *allein* hinsichtlich ihrer Nützlichkeit für den Menschen ethisch nicht zu rechtfertigen. Tieren sollte nach pathozentrischer Auffassung als empfindungsfähige Wesen ein intrinsischer moralischer Wert beigemessen werden. Neben der groben Einteilung in „essbare" und „nichtessbare" Tiere besteht ein weit vernetztes Kategoriesystem, das am jeweiligen menschlichen Nutzungsinteresse orientiert ist. Um nur einige Beispiele zu nennen: „Nutztiere", „Heimtiere", „Kutschenpferde", „Zugtiere", „Reittiere", Jagdhunde", „Spürhunde", „Blindenhunde", „Zirkustiere", „Versuchstiere", „Milchkühe", „Masthühner", „jagdbare Wildtiere" etc. (Fill 1993:106) In manchen Fällen werden auch Tiere derselben Tierart je nach Nutzungskontext einer anderen Kategorie als ihre Artgenossen zugeordnet und erfahren entsprechend unterschiedliche Behandlungen. Kaninchen zum Beispiel können je nach Kontext als „Heimtiere", „Mastkaninchen" (Nahrungsmittel), „Schädlinge", „Zirkustiere" oder als „Versuchstiere" leben. (Cole/Morgan 2011:112) Nach Cole/Morgan bestimmt meist die zugeordnete Kategorie, ob einem Tier Subjektivität zugestanden werde oder sie als passive Objekte betrachtet und behandelt würden – bzw. implizit auf „Tiermaschinen" (*animal machines*) reduziert würden. (Vgl. Cole/Morgan 2011:112) Die Bestimmung der Tiere sei demnach, so Möller, nicht naturgegeben, sondern sozial konstruiert und Produkt einer Ideologie des Menschen. Die Einteilung in Nutzungskategorien zeige, dass der Mensch Tiere in erster Linie als Warenressource betrachte. (Möller 2007:8) Aus speziesismus-kritischer Sicht ist die erwähnte

Zuordnung von Tieren zu Nützlichkeitskategorien moralisch bedenklich, da sie zu Ungleichbehandlung von Tieren führt.

3.1.3. Anonymisierung und Entindividualisierung

Als weitere Mechanismen zur Herstellung emotionaler und kognitiver Distanz zu Tieren gelten die Anonymisierung und Entindividualisierung, die beide in enger Beziehung zu dem Phänomen der Desubjektivierung stehen. Köhler schreibt:

> Menschen tendieren dazu, potentiellen moralischen Konflikten im Zusammenhang mit der Tiernutzung zu entgehen, indem sie sich gedanklich nicht auf das Tier als eigenständiges Subjekt einlassen. Das Tier bleibt ein anonymes Objekt. (Köhler 2005:150)

Die Tiere werden also nach Köhler durch Anonymisierung innerlich auf Abstand gehalten. Die Anonymisierung erfolgt einerseits durch die räumliche Trennung und das Fehlen eines direkten Kontaktes zu Tieren, die in der intensivierten Nutztierhaltung leben[24]. Andererseits werden Tiere auch mittels Sprache anonymisiert, indem ohne Berücksichtigung ihrer Individualität über sie gesprochen wird. Tieren, die als Heimtiere in Gemeinschaft mit Menschen leben, wird in der Regel *so etwas wie* eine eigene Persönlichkeit zugeschrieben. Dies äußert sich unter anderem darin, dass sie einen individuellen Namen tragen und ihnen individuelle Eigenschaften zugesprochen werden. Nutztiere indessen tragen in der Regel keine Namen, sondern Nummern mit Barcodes (Vgl. dazu Busse 2009), und der Konsument erfährt nichts über ihre persönlichen Eigenschaften. Tierliche Eigenschaften, die man zu kennen meint, werden eher einer Tierart als Gruppe und einzelnen Tieren lediglich als „Exemplare" einer Gruppe zugeschrieben. (Vgl. Mütherich 2009:80) Joy formuliert in diesem Sinne:

> In der Nutztierindustrie werden Tiere zumeist als Abstrakta anstatt als Individuuen mit eigener Persönlichkeit wahrgenommen. Sie gelten als abstrakte Mitglieder einer Gruppe, über die wir allgemeine Annahmen aufstellen, die dann für alle Mitglieder gleichermaßen gelten. (Laboulle 2012)

Die Kategorisierung von Tieren je nach artspezifischer Zweckdienlichkeit, die in Kapitel 3.1.2. bereits angesprochen wurde, ist auch eine Form der Abstrahierung vom Einzeltier zum Vertreter oder Exemplar einer Gruppe. Dies führt laut Mütherich zu einer „stereotyphaften

---

[24] Hühner oder Schweine zum Beispiel würden zu Tausenden in verschlossenen Gebäuden gehalten und seien daher, so Köhler (2005), „fast vollständig dem direkten Blick der Öffentlichkeit und der Verbraucher entzogen" (151). Auch Schlachtungen fänden heute unter Ausschluss der Öffentlichkeit hinter verschlossenen Türen statt und befänden sich in aller Regel abseits von Wohngebieten. Laut Köhler wurden Schlachtungen bereits im Mittelalter in der Öffentlichkeit verboten. (152) Auch die Transporte zum Schlachthof werden selten gesichtet, da sie in der Regel in den frühen Morgenstunden stattfinden.

Wahrnehmung von Mitgliedern anderer Spezies" (Mütherich 2009:81). Tiere würden nicht als Individuen wahrgenommen, sondern als „Typen" – als Stellvertreter einer homogenen Gruppe. (Vgl. Mütherich 2009:81)

Möller fasst die verschiedenen Ebenen der Vergegenständlichung und Entindividualisierung von Nutztieren wie folgt zusammen:

> Der Gewaltakt bzw. die Gewalthandlungen werden durch funktional-differenzierte Arbeitsprozesse der so genannten Tierproduktion in nichtöffentlichen Räumen verborgen. Das tierliche Individuum wird entindividualisiert, anonymisiert, quantifiziert und schließlich entkörperlicht, zerteilt, zugerichtet; so wird jeder Verweisungszusammenhang auf ein ‚Du' ausgelöscht und ein ‚Ding' hergestellt. (Möller 2007)

Das individuelle Tier ist für den Verbraucher unsichtbar und unbekannt. Einerseits sind die in der heutigen intensiven Tierhaltung lebenden Tiere zunehmend für Verbraucher unsichtbar und ungreifbar geworden, andererseits werden sie insbesondere in der Werbung romantisiert dargestellt werde, so dass der Eindruck entsteht, es ginge den Tieren in der Landwirtschaft in jedem Falle gut. (Vgl. Köhler 2005:153; Möller 2007) Das wirkliche Leben von Nutztieren werde laut Köhler (2005) „verdunkelt, versteckt bzw. ‚hinter' die Kulissen verschoben" (153). Singer und Cole/Morgan geben die Tatsache zu bedenken, dass paradoxerweise der einzige Kontakt mit Nutztieren bzw. deren „Ausscheidungen" oder Körperteilen normalerweise beim Essen stattfinde. (Singer 1995:1; Cole/Morgan 2011:112)

Joy vermutet, dass die Unsichtbarkeit und die damit einhergehende Entindividualisierung es einfacher mache, Tiere bzw. deren Überreste zu essen, weil man so nicht in einen Gewissenskonflikt gerate. Viele Menschen hätten nach Joy zudem Schwierigkeiten damit, *etwas* zu essen, das einen Namen habe – ein Tier also, dem möglicherweise individuelle Eigenschaften zugerechnet würden. (Joy 2010:188ff.; 120) Joy betont zudem, dass die weitgehende Unsichtbarkeit des karnistischen Systems nicht unerheblich durch Sprache erzeugt werde (siehe dazu das Phänomen des abwesenden Referenten Kapitel 2.2.3.3.). (Vgl. Joy 2010:28ff.) Dadurch, dass wir die Tiere nicht ‚kennen', interessiert uns auch deren Wohlergehen nicht. Luise Rinser formuliert dies wie folgt: „Es ist die Anonymität unserer Tieropfer, die uns taub macht für ihre Schreie." (Drewermann 2005:14)

Für die meisten Menschen sind Nutztiere unsichtbar, d.h. sie haben keinen Kontakt zu den Tieren und daher auch gar nicht die Gelegenheit, sie als Individuen wahrzunehmen. Bei Personen, die in der landwirtschaftlichen Tiernutzung tätig sind, besteht in der Regel zwar Kontakt mir den Tieren, doch auch hier kommt es zum Phänomen der Entindividualisierung. Wie bereits angedeutet, ist zu vermuten, dass die Entindividualisieurng dazu dient, eine emotionale Distanz zu schaffen, die es erleichtert, Gewalt an Tieren auszuüben. Joy (2010) hat Schlachthofmitarbeitende dazu befragt, ob sie Nutztiere als Individuen sähen. Eine von vielen ähnlich lautenden Antworten lautet:

> I don't. I wouldn't be able to do my job if I got that personal with them…When you say individuals, you mean as a unique person, as a unique thing with its own name and its own characteristics, its own little games that it plays? Yeah? Yeah, I'd really rather not know that! I'm sure it has it, but I'd rather not know it. (Joy 2010:118)

Diese Aussage scheint die Vermutung zu bestätigen, dass erst die Verdrängung der „individuellen Persönlichkeit" des Tieres und die emotionale Distanzierung, es dem Schlachthofmitarbeiter ermöglicht seine Arbeit zu tun.

Die Frage nach Individualität und ob man sie bei anderen nachweisen kann – auch auf den Menschen bezogen – ist sehr komplex und kann hier nur gestreift werden. Berichten zufolge verhalten sich Tiere jedenfalls – auch unter normierten und eingeschränkten Bedingungen – in der Nutztierhaltung oder im Versuchslabor - noch so, dass *so etwas wie* eine individuelle Persönlichkeit zu erkennen ist. (Vgl. Cabi 2011:7; Jasner 2010) Jane Godall ist überzeugt, dass auch Tiere, die in der Nutztierhaltung leben, ein komplexes emotionales und kognitives individuelles Verhalten aufzeigen. Sie schreibt zu dieser Frage:

> Farm animals feel pleasure and sadness, excitement and resentment, depression, fear, and pain. They are far more aware and intelligent than we ever imagined . . . they are individuals in their own right. (Goodall 2009)

Zum Abschluss der beiden Kapitel über Vergegenständlichung und Anonymisierung von Tieren soll eine aus Cole/Morgan (2011) übernommene Graphik veranschaulichen, dass ein Zusammenhang zwischen der Kategorisierung von Tieren und deren Grad der Vergegenständlichung und Unsichtbarkeit bzw. Subjektivität und Sichtbarkeit in der Gesellschaft besteht. Die Anordnung auf dem jeweiligen Kontinuum ist variabel. Es geht hier nur darum, noch einmal zu verdeutlichen, dass die Verortung der Tiere auf dem Kontinuum wesentlich von der Zuordnung der Kategorie anhängt – und nicht etwa von tatsächlichen Eigenschaften der Tiere. Wie bereits erwähnt, könnte ein Kaninchen aufgrund seiner Zuteilung zu unterschiedlichen Kategorien an unterschiedlichen Stellen in der Graphik stehen.

(Vgl. Cole/Morgan:113)

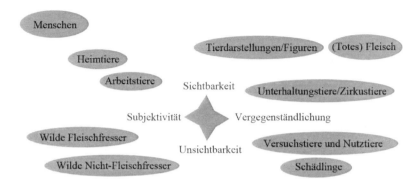

3.1.4. Euphemismen

Eine weitere Form anthropozentrischer Benennungen, die zu emotionaler und kognitiver Distanzierung führt, ist die Verharmlosung oder Beschönigung durch Euphemismen. Auch hierbei geht es nach Fill (1993) darum, eine Distanz zum Bereich des Tötens und der Gewalt herzustellen, indem dieser sprachlich unsichtbar gemacht werde. (109) Auch im Bereich der Pflanzen – wenn auch für unsere Analyse nur am Rande relevant – finden sich hierfür Beispiele. Giftige Chemikalien, die dazu dienen, Pflanzen (zumeist „Unkraut") und andere Lebewesen zu zerstören (zu „töten"), werden entweder beschönigend als „Pflanzenschutzmittel" oder verschleiernd mit lateinischen Begriffen wie Pestizide, Insektizide, Fungizide, etc. bezeichnet. (Vgl. Fill 1993:109)

Im Bereich der Fleischproduktion finden sich nach Fill ebenfalls eine Reihe von Euphemismen, die das „Geschäftliche und Industrielle des Vorgangs [der Fleischproduktion] betonen" und „ein Bild der Sauberkeit und Sachlichkeit" entstehen lassen, „hinter dem das Furchtbare des Geschehens zurücktritt" (Fill 1993:109).

Ein weiterer Bereich der Nutztierindustrie, in dem Euphemismen Anwendung finden, stellt nach Fill die Vivisektion dar. Der Euphemismus „Tierversuche" stehe dabei, so Fill, für das „Quälen und Töten von Tieren für Zwecke der Wissenschaft und der Wirtschaft" (Fill 1993:109). Wenn auch noch immer verschleiernd, so wirke der Begriff „Tierversuche" heute jedoch kaum mehr beschönigend, weil die meisten Menschen durch Aufklärungskampagnen häufig negative Assoziationen mit ihm verbinden. Daher würden heute neue Euphemismen verwendet, wie „Tieruntersuchung", „toxikologischer Versuch" oder auch „invasive Methode an komplexen lebenden Systemen". (Fill 1993:109; Cabi 2011:7) Solche Sprachregelungen zielten nach Cabi darauf ab, „jede Bezugnahme auf Leben, auf Lebendiges, auf Belebtes zu vermeiden und jede Sprachfärbung in punkto Tod, Gewalt oder Individuum weg zu wischen." (Cabi 2011:7)

3.1.5. Abwertung

Die sprachliche Abwertung und die verzerrte Darstellung und von Tieren stellen weitere mögliche Distanzierungsmechanismen dar. Aus sozialpsychologischen Untersuchungen hat sich ergeben, dass „Personen, die anderen Personen und Lebewesen direkt oder indirekt Leiden zufügen, die Opfer tendenziell abwerten." (Köhler 2005:152) Somit könnte die Abwertung von Lebewesen psychologisch eine Rechtfertigung für das Zufügen von Leid sowie eine Strategie zur Erleichterung des Gewissens sein. Köhler bemerkt, dass nicht immer eine Abwertung die Rechtfertigung für das Töten von Tieren liefere. Im Jagdkontext sei zu beobachten, dass Tiere zu ebenbürtigen Gegnern aufgewertet würden. Dies sei Köhler zu folge eine Strategie der Jäger, um sich von möglichen Gewissensbissen zu befreien. (Köhler 2005:154) Diese Vermutung Köhlers steht im scheinbaren Gegensatz zu der Tatsache, dass Tiere im Jägerjargon sprachlich zu Gegenständen abgewertet werden. (Siehe Kapitel 4.3.4.) Möglicherweise greift in diesem Kontext aber auch eine Doppelstrategie.

Die sprachliche Abwertung von Tieren zeigt sich unter anderem darin, dass der Mensch gegenüber Tieren und Pflanzen eine Sonderstellung einnimmt. Der Begriff „Tier" umfasst nach biologischer Definition neben vielen anderen ‚Tierarten' auch die Gattung *Homo sapiens*. In der Alltagssprache sowie in den meisten Fachsprachen wird der Mensch jedoch nicht zu den Tieren gezählt. (Mütherich 2009:78; Singer 1995) Mütherich gibt zu bedenken, dass die Kategorie „Tier" fiktiv sei und „völlig undifferenziert vom tierlichen Einzeller, zum Regenwurm über Amphibien und Fische bis hin zu Hunden, Walen oder Schimpansen" alle nichtmenschlichen Spezies zusammenfasse und „einer einzigen Spezies mit der Bezeichnung ‚Mensch' gegenüberstelle" (Mütherich 2009:78f.). Diese sprachliche Dichotomisierung könnte laut Stibbe (2001) zur Unterdrückung und Benachteiligung von Tieren beitragen, weil sie das Empfinden verstärke, unterschiedlichen Gruppen anzugehören und Distanz schaffe. (Stibbe 2001:149)

Die strikte Unterscheidung zwischen Tier und Mensch sowohl im allgemein- als auch im fachsprachlichen Gebrauch führt dazu, dass eigentlich analoge Gegebenheiten und Lebensaktivitäten jeweils bei Tier und Mensch anders benannt bzw. „gezielt verfremdet" (Vgl. Mütherich 2009:79) werden. So spricht man z.B. bei Menschen von *Bevölkerung*, bei Tieren von *Population* oder *Bestand*; Menschen *essen*, Tiere *fressen*; der *Zeugungsakt* wird bei Tieren als *Begattung* bezeichnet, wonach die *Weibchen* nicht *schwanger*, sondern *trächtig* werden und einige Zeit später *Junge werfen/kalben* etc. – anstatt *ein Kind zu gebären*. Menschen *sterben/versterben/gehen von uns* etc.; Tiere *verenden* oder *krepieren*; Tiere werden *erlegt, geschossen, geschlachtet* oder *eingeschläfert*, während Menschen *erschossen* oder *ermordet* werden, bzw. ihnen *Sterbehilfe geleistet* wird, tierliche Körper werden nach dem Tod nicht als *Leichen* bezeichnet, sondern als *Kadaver* bzw. als *Fleisch*; etc. (Vgl. Fill 1993:107) Durch diese ‚Umbenennung' der vitalen Vorgänge von Tieren werden diese, so Mütherich, also minderwertig, dumpf und „quasi mechanisch" hingestellt. (Mütherich 2009:80) Mit Hilfe der Sprache werde so immer wieder die Vorstellung transportiert, Tiere seien eine „niedere, vernunftlose Lebensform", die nicht Subjekt und nicht menschähnlich sein könne. (ibid.)

Bei Heimtieren werden beim Thema Sterben allerdings häufig die „menschlichen" Bezeichnungen auf die Tiere übertragen. Hierbei spricht man dann von Anthropomorphismen („Vermenschlichungen"). Bei den Jungen von Heimtieren wird beispielsweise häufig verniedlichend und vermenschlichend von „Babies" gesprochen. Das Fleisch eines jungen Nutztieres hingegen verbirgt sich hinter Etiketten wie „Lamm" oder „Kalbsfleisch".

Werden umgekehrt üblicherweise auf Tiere oder Pflanzen angewandte Bezeichnungen metaphorisch für Menschen verwendet, so haben sie häufig einen negativ-abwertenden oder verstärkenden Effekt, der oft Brutalität und Unmenschlichkeit zum Ausdruck bringt. Aussagen wie „Sie behandelten uns wie Vieh" oder „Man stach sie ab wie Schweine" rufen Empörung hervor, weil hier gegen Menschen gerichtete Gewaltakte beschrieben werden, die bei Tieren üblich sind. Solche Wendungen rekurrieren „auf die unhinterfragte Selbstverständlichkeit der beschriebenen Handlungen gegenüber Tieren" (Mütherich 2009:80) und verfestigen diese.

Wird der Mensch auf seine tierlichen Eigenschaften reduziert, und als „Tier" bezeichnet, so ist dies zumeist eine üble Beleidigung. Adjektive wie *animalisch, bestialisch, viehisch* beziehen sich schließlich nicht auf die tugendhaftesten menschlichen Eigenschaften. Dem „Tierischen" werden die „niederen Instinkte" zugewiesen, alles was brutal, roh, ungezügelt, sexuell etc. ist. (Vgl. Fill 1993:107; Stibbe 2001:150) Eine Bedeutung des Wortes „tierisch" ist laut Wahrig (2006) *auf das Niveau des Tieres herabgesunken*. Diese Wendung zeugt von der speziesistischen Sichtweise, dass Tiere minderwertig und primitiv seien.[25]

Tierbezogene Schimpfwörter gibt es in der Alltagssprache zur Genüge: (*faules*) *Schwein, blöder Hund, dumme Kuh, dummer Esel* etc. In der Regel handelt es sich um einen Ausweis von Minderwertigkeit, wenn Menschen mit Tieren auf diese Weise verglichen werden. (Vgl. Mackinger 2005:8) Stibbe zufolge fußt der Gebrauch von Tiernamen als Schimpfwörter auf einer Ideologie, nach der Tiere als minderwertig gegenüber Menschen gelten. (Stibbe 2001:150) Positiv konnotierte Tiermetaphern, Kosenamen oder Vergleiche mit Tieren, wie *das fleißige Bienchen* oder *frei wie ein Vogel* scheinen vornehmlich bei Vögeln und Insekten Anwendung zu finden. Beispiele für Tiermetaphern mit abwertendem Charakter finden sich scheinbar am häufigsten in Verbindung mit Nutztieren. Stellt man sich zum Beispiel ein Schwein vor, denkt man an andere Dinge, als wenn man sich einen Hund vorstellt. Während man bei einem Hund vornehmlich an Attribute wie „treu", „süß" oder „Beschützer" denken mag, werden bei dem Gedanken an ein Schwein eher Assoziationen wie „schmutzig", „dumm", „fett" oder „Schweinefleisch" hervorgerufen. (Vgl. Joy 2010:23) Stibbe schließt aus dieser Beobachtung, dass sich in der Allgemeinsprache umso eher negativ konnotierte stereotypische Bilder von einer Tierart fänden, je eher ein Unterdrückungsverhältnis seitens des Menschen zu dieser Tierart bestehe. (Stibbe 2001:150)

Abwertende Tierbezeichnungen produzieren und festigen Vorurteile und Stereotype. (Vgl. Singer 1995:2). Letztere sind stets zu hinterfragen, denn ein unreflektiverter Sprachgebrauch kann zu unreflektiertem Verhalten führen.

Wird ein Mensch z.B. im alltäglichen Sprachgebrauch als „Ratte" betitelt, so wird er/sie für hinterlistig, unehrlich oder egoistisch gehalten Im Wahrig (2006) findet sich unter dem Eintrag „Ratte": *hinterhältiger, widerlicher Mensch. Die Ratten verlassen das sinkende Schiff: die Feigen, die falschen Freunde, die Unzuverlässigen* […]). In Wahrheit, so schreibt Dunayer (2001), seien Ratten sozial hochentwickelte Tiere, die sich hingebungsvoll um verwaiste Junge oder gebrechliche Artgenossen kümmerten. Ratten seien daher vorbildhaft für Kooperation und Gemeinsinn. (Dunayer 2001:36) Auch der Ausdruck „wie ein Schwein schwitzen" beruht nur auf irrtümlichen Vorurteilen und nährt das Bild vom Schwein als

---

[25] Der evolutionäre Entwicklungsgrad von Tieren wird zumeist an den Fähigkeiten des Menschen gemessen. Da die meisten Tierarten nicht über dieselben mentalen Fähigkeiten verfügen wie der Mensch, werden sie als weniger weit entwickelt betrachtet. Alternativ könnte man aber davon sprechen, dass sie *anders* entwickelt sind und Fähigkeiten ausgebaut haben, über die der Mensch wiederum nicht verfügt.

schmutzigem Tier. In Wahrheit können Schweine gar nicht schwitzen, außer mit ihrer Schnauze. Die Annahme, Schweine seien schmutzige Tiere wird möglicherweise auch dadurch genährt, dass sie sich im Schlamm suhlen, um sich abzukühlen, da sie ja nicht schwitzen können.

Im Verhältnis zum Menschen werden Tiere also zum einen als Gegenpol dargestellt und zum anderen als minderwertig oder unterlegen. Zudem werden tierliche Eigenschaften aufgrund von stereotypen Vorurteilen als verzerrt wahrgenommen. Laut Stibbe führt dies zu emotionaler Distanzierung und gilt als Voraussetzung für die Unterdrückung und Ausbeutung einer Gruppe – in diesem Falle der der Tiere. (Stibbe 2001:150).

Nach Köhler/Serpell ist eine verzerrte und abwertende Wahrnehmung von Tieren eine mögliche Strategie, um die Verantwortung bzw. Schuld für den Umgang mit einem Tier auf das Tier selbst zu verschieben, und somit ein Mittel zur Dissonanzbewältigung. (siehe Kapitel 2.2.3.2.)

4. Analyseteil

Nachdem im theoretischen Teil dieser Arbeit eine ethische Grundlage für eine kritische Diskursanalyse im Hinblick auf das Mensch-Tier-Verhältnis geschaffen wurde, sollen nun verschiedene Diskursfragmente in diesem Zusammenhang analysiert werden. Die Diskursanalyse gliedert sich in drei Teile. Im ersten und zweiten Teil werden Texte aus dem Bereich der Jagd und der landwirtschaftlichen Nutztierhaltung untersucht. Dabei soll geprüft werden, ob sich Hinweise auf ein speziesistisches Moralverständnis gegenüber Tieren finden und insbesondere ob die Texte Merkmale eines distanzierenden Sprachgebrauchs in Bezug auf den Umgang mit Tieren aufweisen. Im dritten Teil der Analyse werden einerseits Texte über Heimtiere und andererseits Texte über Nutztiere einander gegenüber gestellt. Dabei soll untersucht werden, ob die unterschiedliche Kategorisierung von Tieren mit einem unterschiedlichen Sprachgebrauch einhergeht. Im Anschluss an die Analyse sollen sprachliche Alternativen zu den kritisierten Diskursmerkmalen aufgezeigt werden.

4.1. Zur Auswahl des Textkorpus

Die ausgewählten Diskursfragmente wurden exemplarisch ausgewählt und lassen sicherlich keine Rückschlüsse in Bezug auf den gesamtgesellschaftlichen Diskurs zu. Im Rahmen der vorliegenden Arbeit soll und kann auch nicht versucht werden, endgültige Aussagen über bestimmte Texte zu machen. Vielmehr soll versucht werden anhand der ausgewählten Diskursfragmente, eine diskursive Tendenz herauszufiltern. Um nichtsdestotrotz eine gewisse Repräsentativität der Texte zu gewährleisten, wurde bei der Auswahl darauf geachtet, dass die Texte einem breiten Publikum zugänglich sind und dass sie sich in ihrer Art nicht in bemerkenswerter Weise von ähnlichen Texten zum selben Thema unterscheiden. Genauere Angaben zur Textauswahl finden sich in den jeweiligen Abschnitten. Im Anhang der vorliegenden Arbeit finden sich alle Texte in vollständiger Ausführung.

4.2. Vorgehen

Bei der Diskursanalyse soll das Augenmerk auf die unterschiedlichen in Kapitel 3.1. vorgestellten Distanzierungsmechanismen sowie die in Kapitel 2.3.2. beschriebenen psychologische Strategien zur Dissonanzauflösung gelenkt werden. Es soll aufgezeigt werden, mit welchen sprachlichen Mittel anthropozentrische und speziesistische Denkmuster reproduziert und ideologisch gefestigt werden. Wie in Kapitel 1 erläutert, wird eine Kritik im Rahmen der KDA immer von einem gewissen Standpunkt aus vorgenommen. Uns ist bewusst, dass der hier zugrunde gelegte *öko-pathozentrische* Standpunkt einer von mehreren möglichen Standpunkten ist.

Die Texte werden in Feinanalyse der Reihe nach auf für unsere Analyse relevante sprachliche Merkmale untersucht. Im Anschluss an die jeweilige Teilanalyse soll unter Berücksichtigung des diskursiven Kontexts eine zusammenfassende Diskursanalyse unter Bezug auf die Feinanalyse vorgelegt werden. Die angebrachte Kritik soll dabei noch einmal prägnant ausformuliert werden. Abschließend werden Vorschläge zur Bekämpfung oder Vermeidung des kritisierten Sprachgebrauchs gemacht. Die Vorgehensweise entspricht in groben Zügen den Vorgaben zur Analyse sprachlich performierter Diskurse nach Jäger (2012:90f.).

4.3. Jagdjargon

Im Folgenden sollen Diskursfragmente zum Thema Jagd im Hinblick auf anthropozentrischen und distanzierenden Sprachgebrauch untersucht werden. Der komplexe Jagdjargon – es existieren ganze Wörterbücher dazu - hat lange Tradition und kann an dieser Stelle nicht eingehend untersucht werden. Vielmehr soll der Aspekt der sprachlichen Distanzierung an exemplarisch ausgewählten Texten zum Thema Jagd untersucht werden. Im Anschluss an die Analyse zweier exemplarischer Texte werden noch allgemeine Überlegungen bezüglich der Verantwortungsverschiebung und Versachlichung im Jagdkontext angestellt.

4.3.1. Text des BMELV

Der erste Text (Text 1)[26] stammt von der Internetpräsenz des Deutschen Bundesministeriums für Ernährung, Landwirtschaft und Verbraucherschutz (BMELV). Es handelt sich um eine kurze Darstellung zur Bedeutung der Jagd für die Bundesrepublik Deutschland. Obwohl es sich um einen sehr kurzen Text handelt, ist vermutlich dennoch anzunehmen, dass er repräsentativ für die deutsche Jagdgemeinschaft ist, da er von einer so wichtigen Institution wie dem BMELV stammt. Möglicherweise vermittelt der Text auch *gerade,* weil er so kurz ist, besonders gut, welche Einstellung zur Jagd eingenommen wird, da bei einem so kurzen Text besonders genau zu überlegen ist, was als wichtig gilt.

---

[26] Die Quellenangaben zu den untersuchten Texten finden sich in der Bibliographie anhand der Nummerierungen. Die Nummerierung entspricht derjenigen im Anhang.

Im ersten Abschnitt wird zunächst die Bedeutung und Notwendigkeit eines ökologischen und nachhaltigen Umgangs mit natürlichen Ressourcen betont:[27]

> Jagd
>
> Die natürlichen Ressourcen werden immer stärker in Anspruch genommen. Die Grenzen der ökologischen Tragfähigkeit sind in einigen Bereichen erreicht, wenn nicht überschritten. Auf der Suche nach einem Leitbild für den schonenden Umgang mit der Natur, das die Bedürfnisse der menschlichen Gesellschaft gleichermaßen mit einschließt, erfährt ein forstliches Prinzip eine ungeahnte Renaissance: Die nachhaltige Bewirtschaftung natürlicher Ressourcen. (Text 1)

Im nächsten Abschnitt wird dann deutlich, dass Tiere zum Komplex dieser „natürliche[n] Ressourcen" gezählt werden. Die Jagd wird als „Form der Nutzung natürlicher Ressourcen" bzw. „von Wildtierbeständen" bezeichnet:

> Die Jagd stellt eine Form der Nutzung natürlicher Ressourcen dar wie Land-, Forstwirtschaft oder Fischerei. Die Nutzung von Wildtierbeständen muss sich weltweit – wie alle anderen Wirtschaftsbereiche auch – am Prinzip der Nachhaltigkeit orientieren. (Text 1)

Wildtiere (sowie Fische) werden im oben stehenden Satz indirekt mit „natürlichen Ressourcen" aus anderen Wirtschaftsbereichen gleichgestellt (wobei offen bleibt, was eigentlich mit „natürlich" gemeint ist). Gemäß den Erörterungen in Kapitel 2.2.1. gilt die Natur nach anthropozentrischem Moralverständnis lediglich als Ressource für die Befriedigung der Bedürfnisse des Menschen. Die Wortwahl lässt also hier auf eine Ausprägung anthropozentrischen Sprachgebrauchs schließen. Wie in Kapitel 3.1.2. gesehen, kann die Betrachtung von Tieren als reine Warenressource als Instrumentalisierung und „Objektivierung" gelten – der Wert der Tiere wird auf die wirtschaftliche Nützlichkeit für den Menschen reduziert. Der Gebrauch des Ausdrucks „Wildtierbestände" (bzw. „Schalenwildbestände" in der nachfolgenden Textpassage) ist aus speziesismus-kritischer Sicht problematisch, da er Tiere versachlicht und damit als minderwertig im Vergleich zum Menschen hinstellt. Man spricht bei Gegenständen z.B. von *Warenbeständen*, bei Menschen hingegen von *Bevölkerung*, *Einwohnern* oder der *Personenzahl*. (siehe dazu Kapitel 3.1.5 zu Abwertung)

Die letzten beiden Textabschnitte (dieses sehr kurzen Textes) lauten:

> Das Wild ist ein wesentlicher Faktor bei der Waldbewirtschaftung. Durch überhöhte Schalenwildbestände entstehen waldbaulich und wirtschaftlich relevante Schäden. Die Jagd muss mit den waldbaulichen Erfordernissen in Einklang stehen.

---

[27] Textstellen, auf die im vorhergehenden oder nachfolgenden Text verwiesen wird, werden unterstrichen.

> Angesichts der Notwendigkeit des Waldumbaus zu stabilen und klimatoleranten Mischwäldern ist umso mehr erforderlich, „den <u>Abschuss des Wildes</u> so zu regeln, dass die berechtigten Ansprüche der Forstwirtschaft auf Schutz gegen Wildschäden voll gewahrt bleiben. Das ist auch so im Bundesjagdgesetz geregelt. (Text 1)

Die Wildtiere werden durchgehend im Gruppensingular benannt („das Wild"). Dadurch erscheinen die Tiere als homogene Masse und das Individuum tritt in den Hintergrund. Diese Ausdrucksweise könnte somit als Form der Anonymisierung nach Kapitel 3.1.3 ausgelegt werden. Das Töten, das ja eigentlich das zentrale Moment der Jagd darstellt, wird in diesem Text mit Ausnahme des Wortes „Abschuss" nicht konkret angesprochen. Vielmehr wird das Töten sprachlich durch Abstraktion umgangen. Dies erfolgt insbesondere mittels des Ausdrucks „Nutzung", denn die „Nutzung" von Wildtieren kann im Jagdkontext nur darin bestehen, sie zu töten (und zu Fleisch und anderen Produkten zu verarbeiten). Der Ausdruck „Nutzung" ließe sich somit auch als Euphemismus klassifizieren. Schließlich könnte man im folgenden Satz „Nutzung" durch „Tötung" ersetzen, ohne dass sich dessen Kernaussage verändert:

> Die <u>Nutzung</u> von Wildtierbeständen muss sich weltweit – wie alle anderen Wirtschaftsbereiche auch – am Prinzip der Nachhaltigkeit orientieren. (Text 1)

Wie in Kapitel 2/3 gesehen kann die sprachliche Distanzierung vom Bereich des Tötens zu einer emotionalen und kognitiven Distanzierung führen und die Konfrontation mit der Frage nach der moralischen Richtigkeit dieses Handelns vermeiden.

In diesem kurzen Text finden sich also verschiedene der in Kapitel 3 angesprochenen Mittel der sprachlichen Distanzierung. Die Verwendung der Ausdrücke „Ressourcen" und „Bestände" lässt auf einen anthropozentrischen Sprachgebrauch schließen, der eine Legitimation für die Instrumentalisierung und „Objektivierung" von Tieren transportiert und Tiere moralisch abwertet bzw. ihnen keinen Selbstzweck zugesteht. Die Anonymisierung und Entindividualisierung der Tiere wird zusätzlich bestärkt durch die Kategorienbezeichnung „das Wild". Der Euphemismus „Nutzung" schafft Distanz zum Bereich des Tötens.

4.3.2. Jagdbericht des Landes Brandenburg

Das zweite zum Thema Jagd untersuchte Diskursfragment ist ein „Jagdbericht" des Landes Brandenburg in Form einer Pressemitteilung (Text 2). Es handelt sich um eine Berichterstattung über die Anzahl der bei der Jagd getöteten Wildtiere in Brandenburg im Jahr 2010/2011.

Im Text wird das Hauptaugenmerk auf die Anzahl der getöteten Tiere gelenkt. Dabei werden die Zahlen – ähnlich wie bei Wirtschaftsberichten – mit früheren Zeiträumen und von einer Region zur anderen miteinander vergleichen. Der Bericht ist betont sachlich. Inhaltlich geht es zwar in fast jedem Satz um Tiere und das Töten, doch weder das eine noch das andere wird je ganz direkt angesprochen. Die Tiere werden jeweils unter einer abstrahierenden Gruppenbezeichnung zusammengefasst: „jagdbares Wild", „Bestände", „Schalenwild", „Schwarzwild", „Muffelwild" oder „Damwild". Der Akt des Tötens an sich wird umschrieben als „strecken", „erlegen" oder „Schalenwildbestände an Wildbestandhöhen anpassen". Die getöteten Tiere werden Einzeln in „Stück" und als Gruppe in „Strecken" gezählt. Die Gesamtzahl der getöteten Tiere wird als „Jagderfolg", „Streckenergebnis", „Ergebnis" oder „Werte" bezeichnet. So lautet z.B. ein Satz: „Insgesamt 164.334 Stück Schalenwild zählte im Jagdjahr 2010/2011 das landesweite Streckenergebnis." Gegenden, in denen besonders viele Tiere getötet wurden, werden als „Streckenschwerpunkte" bezeichnet. Durch den gesamten Text zieht sich ein geschäftsberichtähnlicher Stil, bei dem latent mitklingt, dass *mehr* stets besser sei. So heißt es weiter: „Nur in den Jagdjahren 2002 beziehungsweise 2008 war die Strecke noch höher." (ibid.) und „Die für den Berichtszeitraum relevante Rotwildstrecke ist die dritthöchste seit 1990 (8.853 Stück)." (ibid.) Ebenfalls ganz nach Geschäftsbericht klingen folgende Formulierungen: „Hohe Abschusszahlen gibt es weiterhin ebenfalls beim Damwild (13.672) […]." (ibid.) und „Die höchsten Werte wurden in den Landkreisen […] erzielt." Ganz im Formulierungsstil von Geschäftsberichten geht es weiter: „Das in Deutschland eingebürgerte Muffelwild wurde im Jagdjahr 2010/2011 111.179 mal erlegt, immerhin ein Minus von 17 Prozent gegenüber dem Jagdjahr 2009/2010."

Der betont ökonomische Stil des Textes führt zu einer starken kognitiven Distanzierung von dem Umstand, dass es eigentlich um getötete Lebewesen geht. Sprachlich werden Tiere hier wie jede andere Warenressource behandelt und die getöteten Tiere allein aus einem wirtschaftlichen Blickwinkel heraus betrachtet. Die Annahme, dass der anthropozentrische und speziesistische Umgang mit Tieren nicht hinterfragt werden müsse, wird hier diskursiv transportiert und gefestigt.

In dem Text wird durchgehend ein vermehrtes Töten („höhere Stückzahlen") als positiv dargestellt: „reichlich Jagderfolg", „umfangreichere Strecken", etc. Bemerkenswerterweise wird allerdings das Wort „töten" selbst nur ein einziges Mal im Text erwähnt und zwar im letzten Abschnitt, in dem es nicht um Jagd, sondern um Wildunfälle geht: „Im Berichtszeitraum sind insgesamt 11.339 Stück Schalenwild auf Brandenburgs Straßen getötet worden."

Auf den Menschen übertragen würde wahrscheinlich umgekehrt eher dann von „töten" gesprochen, wenn es um Tod durch Erschießen geht. Bei einem Autounfall hingegen würde wohl eher eine Umschreibung gewählt wie „tödlich verunglücken", bei der keine Verantwortungszuweisung mitklingt. Demnach könnte man im Umkehrschluss die sprachliche Umgehung des Bereiches rund um das Töten im übrigen Text als Verantwortungsverschiebung (siehe Kapitel 2.2.3.2.1.) interpretieren. In dem betreffenden Text wird die Verantwortung nicht auf eine andere Person verschoben, sondern auf einen „äußeren Sachverhalt", namentlich die wirtschaftliche und ökologische Notwendigkeit, den „Wildbestand" zu reduzieren.

Insgesamt fallen in diesem Text die Versachlichung[28] des Tötens und der Tiere auf. Die Distanzierung von diesen Themen erfolgt, indem zum einen Umschreibungen für das Töten und die getöteten Tiere gewählt werden, und zum anderen, indem die Tiere nicht als Individuen benannt, sondern in Gruppenbezeichnungen zusammengefasst werden. Die Verantwortungsverschiebung durch das Verlagern des Tötens in einen ökonomischen Kontext kann eine Strategie zur emotionalen Distanzierung und zur Dissonanzauflösung darstellen.

4.3.3. Verantwortungsverschiebung im Jagdkontext

Es wird vermutet, dass sich ein möglicherweise auftretendes Gefühl der kognitiven Dissonanz hinsichtlich eines Gewissenskonflikts bei Jägern dadurch abschwächt, dass die Verantwortung für das Töten einem äußeren Sachverhalt zugeschrieben wird (siehe 2.2.3.2.1.). Im Rahmen eines „Plädoyers für die Jungfuchsbejagung" (Siebern 2011) schreibt ein Jäger über den Gewissenskonflikt beim Erschießen von Jungfüchsen:

> Bei kaum einer anderen jagdlichen Handlung kommen wir Jäger so sehr in Rechtfertigungsdrang wie bei der Jungfuchsbejagung […] Zum Einen ist da das Bild der spielenden Jungfüchse am Bau […]. Zum Anderen habe ich als Berufsjäger […] eigentlich immer alle Bedenken beiseite geschoben. Mein Job war es, für eine gute Niederwildstrecke zu sorgen. (Siebern 2011)

Abgesehen von der augenscheinlichen Versachlichung und Aufwertung des Tötens durch den Ausdruck „gute Niederwildstrecke" findet sich hier eine Verantwortungsverschiebung.

---

[28] Aufgrund der betonten Sachlichkeit könnte man den Text als pseudo-objektiv bewerten. Denn einerseits entspricht die Versachlichung von Tieren einer Verzerrung der Realität und einer anthropozentrischen Moral und andererseits zeugt der Geschäftsberichtsstil von einer wirtschaftspolitischen Einstellung, namentlich einer kapitalistischen, bei der Wachstum im Vordergrund steht. Eigentlich geht es zwar um die Reduzierung von „Wildbeständen", doch wird diese durch gesteigerte „Stückzahlen" erreicht – und je mehr, umso besser. Diese Denkweise steht im Gegensatz zur in Kapitel 2.1. beschriebenen ökologischen Sichtweise.

Ähnlich wie Soldaten „töten" Jäger offiziell für einen höheren „guten" Zweck, sei es, weil es *eben* ihr Beruf sei, oder weil der Wildbestand kleingehalten werden *müsse*.

4.3.4. Versachlichung im Jagdjargon

Ein weiteres Merkmal der Jägersprache ist die Versachlichung der Körperteile der „jagdbaren" Tiere, deren Körperteile wie Gegenstände bezeichnet werden. Um nur einige Beispiele zu nennen: Augen sind *Lichter*, Ohren *Lauscher* oder *Löffel*, die Beine *Läufe* oder *Springer*. Vitale Vorgänge werden zudem verfremdet dargestellt: Ein (an)geschossenes Tier *blutet* in der Jägersprache nicht, sondern *schweißt*. (Fill 1993:108)

Fill vermutet, dass die Versachlichung des Tieres und seiner Körperteile dazu dient, dem Jäger das Töten zu erleichtern, bzw. ihm die Tötungshemmung[29] zu nehmen. Denn es falle einem schließlich leichter an einer Sache „herumzuschneiden" als an einem Lebewesen. Denn dingliche Bezeichnungen erinnern nicht oder nur entfernt daran, dass Tiere den Menschen in vielen Punkten sehr ähnlich sind und analog „funktionieren". (Fill 1993:108) Singer führt zudem an, dass die emotionale Distanzierung leichter falle, wenn Fachsprache eingesetzt werde. (Singer 1995:50) Technische Begriffe können, so Cabi, „jeden Anschein moralischer Fragwürdigkeit ausblenden". (Cabi 2011:6)

Wildtiere werden bei der Jagd einerseits sprachlich wie Gegenstände behandelt und andererseits faktisch auch zu Gegenständen gemacht, da ihre Körper zu Fleischprodukten verarbeitet werden. (Vgl. Kapitel 3.1.1)

4.4. Texte der tierischen Nahrungsmittelindustrie

Im Folgenden soll untersucht werden, ob sich im Bereich der Landwirtschaft mit Nutztieren ein ähnliches Muster sprachlicher Distanzierung findet.

Zur exemplarischen Analyse des Diskursstranges im Bereich der Produktion tierischer Nahrungsmittel wird ein Text der Schweizer Genossenschaft Proviande herangezogen. Es handelt sich dabei um eine 16-seitige Informationsbroschüre für Verbraucher, in der das Produkt „Kalbsfleisch" vorgestellt wird (Text 3). Darin enthalten sind Informationen zu den Nutzungszwecken und Haltungsbedingungen der Kälber, Zahlen zu Konsum und Produktion des Fleisches, sowie die unterschiedlichen Vermarktungslabels und schließlich Einzelheiten zu

---

[29] Es gilt als umstritten, ob der Mensch von Natur aus eine solche hat oder nicht. (Vgl. dazu Rieger 2008:8f.)

den verschiedenen Fleischstücken und deren Zubereitungsformen mit Rezeptangaben. Die Broschüre gilt als Informationsbroschüre in der Reihe „Wissenswertes rund ums Fleisch". An verschiedenen Textstellen wird sich allerdings zeigen, dass es sich im Grunde um eine Werbebroschüre für das Produkt „Schweizer Kalbsfleisch" handelt. Wir werden uns bei der Feinanalyse auf die Seiten 1-5 der Broschüre beschränken, in denen es vornehmlich um die Nutzungszwecke und Haltungsbedingungen der Rinder geht, da sich in diesen Passagen die meisten für unsere Analyse relevanten Textstellen finden.

Das Deckblatt (S.1) der Broschüre zeigt ein Werbebild mit der Fotographie eines zum Verzehr zubereiteten Fleischstückes, vermutlich eines Kalbsbratens. In Schreibschrift steht darüber als Bildtitel „Vom Kalb.". Links oben im Bild befindet sich eine Abbildung, die das Qualitätslabel für „Schweizer Fleisch" darstellt. Rechts unten findet sich ein weiteres Logo von „Schweizer Fleisch" und darunter ist zu lesen: „Alles andere ist Beilage."

Die Beschriftung des Bildes „Vom Kalb." (S.1) klingt ein wenig, als sei das Fleisch eine Art Geschenk[30] oder Gabe „vom" Kalb. Genau genommen handelt es sich aber nicht um etwas *vom* Kalb, sondern um einen *Teil des Körpers* eines Kalbes. Spricht man bei einem Produkt davon, dass es „vom Menschen" ist, zum Beispiel „vom Metzger", so ist klar, dass damit nicht ein *Teil des Körpers* dieser Person gemeint ist, sondern ein Produkt des menschlichen *Handelns* oder z.B. ein Produkt, das er verkauft. Dies lässt sich entweder dahingehend deuten, dass Nutztiere in der speziesistischen Vorstellungswelt weitgehend als Objekte gelten, und somit nicht als handelnde Subjekte und *etwas vom Kalb* daher kein Handlungsresultat sein kann, sondern ein Teil des Tieres selbst. Man könnte die Formulierung „Vom Kalb" aber auch so deuten, dass sie suggerieren soll, dass das Fleisch eine freiwillige „Gabe" – ein Geschenk – vom Kalb sei. Schließlich würde es, wie gesagt, auf den Menschen übertragen, genauso verstanden[31]. Als sei die Botschaft: *Dies ist ein Geschenk vom Kalb, es hat es so gewollt - und Geschenke darf man nicht zurückweisen.* Diese Auslegung mag weit hergeholt klingen, aber, wie in Kapitel 3.1.1 gesehen, ist die Inszenierung von Freiwilligkeit ein gängiges Werbemittel bei tierischen Produkten. Sie befreit die Konsumenten von einem möglichen Gewissenskonflikt. Die Inszenierung von Freiwilligkeit kann auch als Strategie der Verantwortungsver-

---

[30] In französischsprachigen Teilen der Schweiz war im Jahr 2012 an Plakatwänden dasselbe Werbebild zu sehen, allerdings mit der Überschrift *s'ouvre comme un cadeau* (zu Deutsch etwa: „Lässt sich öffnen wie ein Geschenk").

[31] In diesem Falle könnte man von der Darstellung von Tieren als „fragmentierte Subjekte" nach Petrus (2013) sprechen, da sie teilweise als Subjekte verstanden und dargestellt werden – aber eben nur teilweise.

schiebung interpretiert werden. Dadurch, dass das Tier freiwillig seine Freiheit und sein Leben hergibt, trägt das Tier selbst die Verantwortung für das Geschehen.

Die andere für unsere Untersuchung relevante Formulierung auf dem Deckblatt der Broschüre lautet „Alles andere ist Beilage." Die Abwertung pflanzlicher Nahrungsmittel als „Beilage" ist laut Adams ein sprachliches Mittel zur Festigung speziesistischer Handlungsstrukturen (Vgl. Adams 2002:33). In weiten Teilen der westlichen Kulturen gilt es als normal, dass zu einer Hauptmahlzeit Fleisch gehört. Die Werbung für Fleisch macht sich dies in dem Falle zu Nutze: Der Wert des Fleisches wird erhöht, indem „alles andere" zur „Beilage" degradiert wird.[32] Die Werbung profitiert laut Jäger von einer „latenten Denormalisierungsangst" (Jäger 2012:54), die bei Personen entstehen kann, da die Grenzen von Normalität und Nicht-Normalität auf einem Kontinuum verschiebbar sind. (ibid.; siehe dazu auch Normalismus Kapitel 2.2.3.2.1.)

Der Titel des ersten Abschnittes (S.2-3) der Broschüre lautet „Das Nutztier Kalb". Die Bezeichnung „Nutztier" reduziert die gesamte Existenz des Tieres auf seine Nützlichkeit für den Menschen – als sei das Tier *dafür gemacht*, genutzt zu werden, bzw. einen Nutzen zu erbringen. Die Kategorisierung von Tieren nach Zweckdienlichkeit ist, wie in Kapitel 3.1.2. gesehen, eine Form der Instrumentalisierung und eine Ausprägung speziesistischen Denkens. Durch den generischen Gebrauch des Wortes „Kalb" als abstraktes Konzept findet eine Verallgemeinerung statt. „Das Kalb" steht repräsentativ für alle in der Nutztierindustrie lebenden Kälber. Dadurch erscheint ein jedes Kalb austauschbar mit einem beliebigen anderen, die Individualität gerät in Vergessenheit und damit der Eigenwert eines jeden individuellen Kalbes. Darüber hinaus ist anzumerken, dass es die *Tierart* „Kalb" eigentlich nicht gibt. Es gibt die Tierart „Rind" – das Kalb ist ein *Junges* dieser Tierart. Bei anderen Tieren würde dies verstörend klingen, wie *das Haustier Welpe* oder *das Nutztier Ferkel*. Da das Kalb aber – ohne je erwachsen zu werden – eine wichtige ökonomische Funktion erfüllt, fällt dessen implizite Zuordnung als eigene Tierart kaum auf. Man könnte daraus schließen, dass auf diese Weise bereits im Titel die Tatsache verschleiert wird, dass es sich um Jungtiere – um „Babys" – handelt, die hier systematisch getötet werden.

---

[32] So wie es als „normal" gilt, dass pflanzliche Nahrung Beilage und keine vollständige Mahlzeit darstellt, so finden sich in der Sprache auch viele Hinweise darauf, dass Fleisch eher eine Mahlzeit für Männer denn für Frauen sei. (Vgl. dazu Adams 1990.)

Alternativ könnte der Titel aus pathozentrischer Perspektive lauten: „Die genutzten Kälber" oder *anthromorphisierend* bzw. in Anlehnung an für Heim- oder Zootiere gebrauchte Sprache „Die genutzten *Babykühe*", oder auch antispeziesistisch wertend „Die ausgebeuteten Kälber". Die Wirkung wäre eine völlig andere und wohl keine werbewirksame mehr. Der Gebrauch des Plurals evoziert eine Anzahl von Einzeltieren im Gegensatz zu einer homogenen Menge, die im Gruppensingular benannt wird. Das Partizipialattribut „genutzt" impliziert, dass es auch einen „Nutzer" gibt und das Tier nicht *von Natur aus* dazu gemacht ist, *genutzt* zu werden oder *Nutzen* zu erbringen. Dadurch klänge so etwas wie eine Täterschaft oder zumindest Verantwortung mit an und „genutzt" wird nahezu austauschbar mit „ausgenutzt". (siehe dazu Kapitel 4.6.)

In dem unter der Überschrift „Das Nutztier Kalb" geführten Abschnitt treten weitere Bezeichnungen auf, die ähnlich gedeutet werden können. Der Teil der Kälber, der nicht „in die Mast geht", wird – so heißt es einleitend – „zu Milchkühen aufgezogen" (S.2). Im Folgenden einige Überlegungen zum Begriff „Milchkuh": Wie im Falle von „Nutztier" wird dem Tier aus rein anthropozentrischer Sicht unterstellt, allein zu einem bestimmten Zweck – dem der Milchproduktion – zu existieren. Der Begriff suggeriert, dass es die Lebensaufgabe der Kuh sei, Milch zu *geben*. Dabei wird selten erwähnt, dass eine Kuh, genau wie jedes andere Säugetier, nur dann Milch produziert, wenn es ein Junges zur Welt gebracht hat und dass die eigentliche Funktion dieser Milch darin besteht, das Junge zu nähren. Der Begriff „Milchkuh" nährt das Bild eines Tieres, das „von sich aus" stets Milch gibt.

Weiter im Text ist die Rede von der „Zweinutzungskuh", einer Rinderasse, die früher sowohl für die Milch- als auch für die Fleischproduktion eingesetzt wurde. Auch dies ist eine anthropozentrische Benennung, die ausschließlich nach der Nützlichkeit für den Menschen ausgerichtet ist. Durch die Vorsilbe „Zwei-„ wird zusätzlich betont, dass es nur diese beiden für den Menschen relevanten ‚Eigenschaften' der Kuh sind, die eine Rolle spielen. Ein Zweck oder eine Daseinsberechtigung nur um ihrer selbst willen wird nicht angenommen. Das Tier wird mit einer Produktionseinheit gleichgesetzt.

Die Betrachtung von Tieren als reine „Milchspender" allgemein als „Nutztiere" ist gesellschaftlich anerkannt. Normalerweise wird diese ‚Funktion' nicht hinterfragt. Aus speziesismus-kritischer Sicht ist dabei problematisch, dass die individuellen Bedürfnisse der Tiere vor solchen Etiketten wie zum Beispiel „Milchkuh" in den Hintergrund treten. Antispeziesisten weisen zum Beispiel darauf hin, dass Kühe möglicherweise ein Bedürfnis danach haben, sich um ihre neugeborenen Kälber zu kümmern und darunter leiden, dass man sie kurz nach der Geburt von ihnen trennt.[33] Aus ökologischer Sicht, wie in Kapitel 2.1. beschrieben, besteht ein Unterdrückungsverhältnis zwischen Nutztieren und Menschen. Sie werden zu wirtschaftlichen Zwecken instrumentalisiert und ausgebeutet – ihre eigenen Interessen werden missachtet.[34]

Heutzutage werden Rinder entweder auf „hohe Milchleistung" (S.2) oder auf hohe „Fleischgewinnung" gezüchtet. Daher gelten die Kälber der Milchkühe, so heißt es weiter im Text, als „leerfleischig", sie seien für die „Mast weniger geeignet". Der Ausdruck „leerfleischig" ist gleichzusetzen mit „nutzlos für die Fleischproduktion". Die Tiere der anderen Zuchtlinie werden als „reine Mastrassen" oder als „für die Kälbermast eingekreuzte [Rassen]" bezeichnet. Auch diese Benennungen zeigen, dass allein die Nützlichkeit für den Menschen von Relevanz ist.

An einigen Stellen im Text werden dem Leser Tatsachen verschleiert, indem Natürlichkeit oder Normalität vorgetäuscht werden. (Siehe Kapitel 2.2.3.2.1.) Der erste Satz lautet zum Beispiel: „Jede Kuh bringt normalerweise ein Kalb pro Jahr zur Welt." (S.2)

Das Adverb „normalerweise" indiziert einen natürlichen Vorgang und ist somit irreführend. Es handelt sich dabei nämlich nicht um einen natürlichen Zyklus außerhalb menschlichen Eingreifens. Kühe werden in der modernen Landwirtschaft künstlich befruchtet.[35] Dass die Kälber in der industriellen Haltung nach kurzer Zeit von ihren Müttern getrennt werden und nicht wie ‚natürlicherweise' vorgesehen deren Milch trinken – da diese kommerzialisiert wird – bleibt unerwähnt. Darüber hinaus wird die Kuh hier durch die Satzstellung als handelndes Subjekt dargestellt. Dies vermittelt den Eindruck, als käme die Kuh aus freien Stücken dazu, einmal im Jahr trächtig zu werden. Tatsächlich *wird* die Kuh aber vom Landwirt

---

[33] Die enge Mutter-Kind-Bindung zwischen Kühen und ihren Kälbern ist durch zahlreiche Forschungen belegt. Mutter und Kind erkennen sich anhand akustischer Signale und durch optische Erkennung. Kuh und Kalb erkennen sich auch im Alter und pflegen, wie manche Verhaltensforscher es nennen, enge „Tierfreundschaften". In der modernen Viehwirtschaft werden diese Verhaltensweisen und Bedürfnisse der Tiere gezielt eingeschränkt: Viele Kühe leben in abgeschlossenen Ställen, sind permanent angekettet, werden enthornt, mehrmals in ihrem Leben künstlich besamt und haben keinerlei Kontakt zu ihren Kälbern. Die Trennung ist für Mutterkuh und Kalb sehr schmerzhaft. Sie schreien tagelang nacheinander. (Vgl. dazu tier-im-focus.ch 2009)

[34] Die zeitgenössische Industrialisierung der Landwirtschaft und die Instrumentalisierung von Milchkühen erreichen zuweilen bizarre Züge. In einem Artikel der ZEIT (Busse 2009) beschreibt Tanja Busse, welche Ausmaße die auf immer mehr Hochleistung gerichtete Rinderzucht annimmt.

[35] Dabei wird ihr Eisprung heutzutage bis auf Stunden genau berechnet und die Besamung mit Samen teurer Zuchtbullen bei ins kleinste Detail geplant. (siehe dazu Rohwetter 2013)

künstlich befruchtet (manche Tierrechtsaktivisten sprechen provokativ von *Vergewaltigung* oder *Zwangsbefruchtung*) und *wird* somit einmal pro Jahr *dazu gebracht,* ein Kalb zu gebären. Auch Fill stellt fest, dass „der Eingriff des Menschen in das Tierleben verschleiert und die Abläufe in der industrialisierten Landwirtschaft als natürliche Vorgänge dargestellt werden" (Fill 1993:112).

Im folgenden Satz findet sich die bereits angesprochene Inszenierung von Freiwilligkeit und des Fehlens eines eigenen Willens: „Früher wurden die Kühe so gezüchtet, dass sie möglichst viel Milch und gleichzeitig gutes Fleisch hergaben." (S.2) Durch das Verb „hergeben" wird deutlich, dass Tiere nicht als individuelle Lebewesen mit eigenen Bedürfnissen betrachtet werden, sondern vielmehr als Gebrauchsgegenstände – oder nach Möller als „willenlose Automaten". (siehe Abschnitt 3.1.1.)

Im vorliegenden Text finden sich weitere Stellen, die von einer Vergegenständlichung der Tiere zeugen. So heißt es in Bezug auf die „leerfleischigen" Kälber: „Trotzdem sind die Schweizer Kälbermäster bemüht, durch gute, gezielte Fütterung aus diesen Kälbern qualitativ gute Produkte für die Fleischgewinnung zu erzeugen." (S.2) Die Desubjektivierung der Kälber wird hier relativ unverschleiert dargestellt. Sie gelten offenkundig als reine Produktionseinheiten, die der Fleischerzeugung dienen. Bemerkenswerterweise findet die Verschiebung von *Tier* (Kälber) zu *Produkt* noch vor der „Fleischgewinnung" statt. Das bedeutet, die Tiere werden demnach nicht erst nach der Schlachtung zu Produkten (Fleisch), sondern gelten bereits im Lebendzustand als Produkte. Das Verb „erzeugen" ist ein weiterer Hinweis darauf, dass dieser Satz in diese Richtung zu deuten ist.

Die letzte Unterüberschrift des Abschnittes „Das Nutztier Kalb" lautet: „Produktionszyklus" (S.2). Der Abschnitt handelt davon, wie häufig Kälber geboren werden. Der Begriff „Produktionszyklus" bezeichnet das Heranwachsen von Kälbern im Mutterleib und zeugt damit einmal mehr von der anthropozentrischen Sichtweise, Tiere seien Produktionseinheiten im Dienste menschlicher Bedürfnisbefriedigung. Wie bereits an mehreren Stellen angesprochen kann die Vergegenständlichung von Tieren – in diesem Falle durch deren Darstellung als Warenprodukte – als Mittel der sprachlichen Distanzierung betrachtet werden. Wird auf diese Weise über Tiere gesprochen, so wird die ideologische Annahme transportiert und gefestigt, Tiere seien nicht mehr als das: eine Ressource zum Gebrauch durch den Menschen. Wie in Kapitel 2 erläutert ist dies jedoch nicht die einzige mögliche Sichtweise.

In dem Textabschnitt (S.2/3) finden sich einige Wendungen, die sich im gegebenen Zusammenhang als Euphemismen bezeichnen lassen. Der Begriff „Mast" kann in den folgenden

beiden Sätzen als beschönigend oder verschleiern verstanden werden, weil er stets nicht lediglich das Mästen, also übermäßige Füttern, selbst meint, sondern auch implizit das Töten:
(1) „Ihre Kälber sind deshalb für die Mast weniger geeignet."
(2) „Der andere Teil geht in die Kälber- und Grossviehmast."
Der Begriff „Mast" impliziert dabei nicht nur dessen eigentliche Bedeutung (laut Wahrig 2006: *reichliche Fütterung von Schlachtvieh zur Steigerung des Fleisch- und Fettansatzes*), sondern auch den Transport zum Schlachthof und das Schlachten selbst. In Satz (1) wird auf beschönigende Weise formuliert, dass die Kälber zu wenig ertragsreich für die „Mast" seien und diese sich deshalb aus wirtschaftlicher Sicht kaum lohne. Auch in Satz (2) wird das Begriffsfeld „Töten" bzw. „Schlachten" geflissentlich gemieden und an dessen Stelle verkürzend der Euphemismus „Mast" eingesetzt. Die Funktion von Euphemismen liegt, wie in Abschnitt 3.1.4. beschrieben, darin, eine emotionale Distanz zu schaffen, indem unangenehme Gegebenheiten nicht direkt benannt werden.

Der Übergang von traditioneller zur industrialisierten Landwirtschaft wird beschönigend mit dem Gegensatz „früher" und „heute" umschrieben – und damit die direkte Benennung der Industrialisierung umgangen. Durch diese Formulierung wird die Tatsache ausgeklammert, dass es sich nicht um eine natürliche Entwicklung handelt, sondern um eine bewusst von Menschen herbeigeführte und zwar zur Steigerung der wirtschaftlichen Erträge. In der Werbung wird den Konsumenten gerne vorgegaukelt, die Industrialisierung habe die tierbezogene Landwirtschaft noch nicht erreicht. (Vgl. dazu Möller 2007) Der betreffende Satz lautet: „Früher kalbten die Kühe meist im Winter ab, heute tun sie dies während des ganzen Jahres." (S.2) „Früher" steht hier etwa für „kleinbäuerliche Betriebe vor der Industrialisierung der Landwirtschaft". Es wird der Eindruck vermittelt, bei dieser Wandlung handle es sich um eine natürliche Veränderung und nicht um eine Folge des Eingreifens des Menschen – namentlich der geplanten und künstlichen Befruchtung.

Im untersuchten Abschnitt finden sich mehrere Stellen, an denen das Geschlecht der Tiere neutralisiert bzw. übergangen wird. Die Benennung des grammatisch neutralen Geschlechtes, wie in „das Kalb" oder „das Rind", ist dabei zunächst unproblematisch, da im Deutschen das grammatische Geschlecht nicht unbedingt mit dem biologischen übereinstimmt.[36] Es wird im Text aber auf andere Art und Weise das Geschlecht an solchen Textstellen verschwiegen, an denen es logisch angebracht wäre und zu einem besseren Textverständnis führen könnte.

---

[36] Wobei man auch soweit gehen könnte und das sogenannte *Gendering* auch bei Tieren anzuwenden, etwa: Kälber und Kälberinnen oder männliche und weibliche Kälber.

Zum Beispiel in dem Satz: „Ein Teil dieser Kälber wird zu Milchkühen (Zuchttiere) aufgezogen, der andere Teil geht in die Kälber und Grossviehmast." (S.2) Die Tatsache, dass ausschließlich weibliche Kälber als Milchlieferanten in Frage kommen und der Großteil der (oder eventuell alle) Mastkälber männlichen Geschlechts sind, kommt nicht zur Sprache. In einem weiteren Beispiel wird die Geschlechtlichkeit übergangen, indem alle Rinder als „Kühe" bezeichnet werden: „Früher wurden die Kühe so gezüchtet, dass sie möglichst viel Milch und gleichzeitig gutes Fleisch hergaben." (S.3) Dadurch, dass nicht zwischen männlichen und weiblichen Rindern unterschieden wird bzw. alle als weiblich dargestellt werden, muss nicht die Frage aufkommen, was mit den Jungbullen, die ja zwangsweise mitgezüchtet werden, aber keine Milch geben können, geschehe. Genau genommen bezeichnet der Begriff „Kuh" das „Muttertier von Rind, Büffel, Elch, Elefant, [etc.]" (Wahrig 2006). Insgesamt wird hier unter anderem durch die undifferenzierte Geschlechtsbenennung der Zusammenhang, dass Rinder weiblich sein und ein Kalb zur Welt bringen müssen, um Milch zu geben, umgangen; ebenso wie die Tatsache, dass männliche Kälber von Milchkühen regelmäßig wenige Wochen oder Monaten nach der Geburt geschlachtet werden.

Auch im Folgenden Beispielsatz wird nicht spezifiziert, dass es in erster Linie um die männlichen Kälber geht, die „für die Mast weniger geeignet" seien. Da die weiblichen ja daraufhin gezüchtet werden, als Milchkühe Hochleistungen zu erbringen:

> Heute werden die Milchkühe zumeist gezielt auf hohe Milchleistung gezüchtet. Die Kühe haben sprichwörtlich „weniger Fleisch am Knochen", sie gelten als leerfleischig. Ihre Kälber sind deshalb für die Mast weniger geeignet. (S.3)

Auf diese Weise, so könnte man annehmen, wird Distanz zum Menschen geschaffen. Die Benennung von Weiblichkeit und Männlichkeit könnte an die Ähnlichkeit zum Menschen erinnern und daran, dass es sich bei den Kälbern um Individuen mit eigenen Bedürfnissen handelt. In diese Sinne könnte diese Ausdrucksweise als Form der Anonymisierung interpretiert werden. Tiere werden zudem auf diese Wiese gegenüber Menschen abgewertet, da das Geschlecht im Hinblick auf Menschen in der Regel genannt wird und ein wichtiger Aspekt der individuellen Persönlichkeit ist. Zudem könnte die Übergehung der Geschlechtsnennung als Form der Vergegenständlichung bewertet werden. Im Englischen wird zum Beispiel mit der üblichen Nutzung des dinglichen Pronomens *it* anstatt *he* oder *she* das individuelle Geschlecht der Tiere übergangen und sie werden nach Dunayer auf diese Weise sprachlich mit Gegenständen gleichgesetzt (Dunayer 2001:1). Allerdings könnte der undifferenzierte oder fehlende Gebrauch von Geschlechtsbezeichnungen von Tieren in manchen Fällen auch damit erklärt werden, dass das Geschlecht von Tieren für den menschlichen Betrachter oftmals weniger offensichtlich zu erkennen ist, als bei Mitgliedern der eigenen, menschlichen Spezies.

Der Abschnitt „Zahlen und Fakten" (S.3) ist betont sachlich und kurz (zwei Sätze) gehalten. Er beinhaltet eine Statistik über die Anzahl der geschlachteten Kälber und die Menge des Kalbsfleisches sowie den jährlichen Pro-Kopf-Konsum. Hier geht es also konkret um die geschlachteten Tiere. Im vorigen Abschnitt ging es noch um die lebendigen Kälber. Der Vorgang des Schlachtens selbst der inhaltlich implizit zwischen diesen beiden Textpassagen steht, wird praktisch übersprungen. Es wird dazu lediglich gesagt: „Pro Jahr werden in der Schweiz heute rund 260 000 Kälber geschlachtet." Über die Schlachtung selbst sowie den Transport zum Schlachthaus erfährt man weiter nichts. Daraus könnte man schließen, dass diese Themenbereiche in einer Werbebroschüre für Fleisch bewusst vermieden werden, damit die Leser (Verbraucher) von den eher unangenehmen Aspekten der Fleischproduktion ferngehalten werden.

Das Wort „schlachten" an sich wirkt aus speziesismus-kritischer Sicht verharmlosend, denn es beinhaltet die Botschaft, dass diese Art des Tötens legitim sei. Spräche man in dem Falle von *töten* oder gar *ermorden* klänge ein moralischer Zeigefinger mit, der das Töten missbilligt oder kritisiert.[37] Obwohl es sich im Kern um dasselbe handelt, wird der Vorgang bei Tieren anders benannt als bei Menschen. Ähnlich werden auch in anderen Bereichen auf eigentlich analoge Vorgänge bei Tieren andere Begriffe verwendet. So liest man auch in dem untersuchten Text „abkalben" für *ein Kind/Junges zur Welt bringen*. Auf diese Weise wird zwischen Mensch und Tier eine Distanz geschaffen und unsere Ähnlichkeit zu den Tieren verschleiert. Durch diese Form der Abgrenzung fällt es vermutlich leichter, Tiere als „das Andere" oder „das Fremde" wahrzunehmen. Auf diese Weise wird das Tierliche abgewertet, was es wiederum leichter macht, sie zu Opfern zu machen. (siehe dazu Kapitel 3.1.5)

Im nächsten Abschnitt „Haltung und Produktion" (S.5) finden sich eine Reihe von Euphemismen. Letztlich geht es eigentlich immer wieder um das Schlachten, doch wird dies kein einziges Mal wörtlich erwähnt. So handelt auch der folgende Satz letztlich vom Töten der fünf-Monate-jungen Rinder, auch wenn dies nicht direkt angesprochen wird: „Kälber wiegen bei der Geburt 40-50 kg. Sie werden ca. fünf Monate gemästet, bis sie ungefähr 200 kg Lebendgewicht erreichen." (S.4) Der Begriff „Lebendgewicht" bedeutet laut Wahrig (2006): *Gewicht des lebenden Tieres, das geschlachtet werden soll.* In diesem Satz bleibt die

---

[37] Manche Tierrechtler fordern, dass bei der Schlachtung zur Fleischproduktion von *Mord* zu sprechen sei, da sie das Töten von Tieren zu kulinarischen oder sonstigen wirtschaftlichen Zwecken missbilligen.

Folge daraus, dass die Tiere das „Lebendgewicht" erreicht haben – nämlich, dass sie geschlachtet werden – implizit und unausgesprochen.

Im folgenden Abschnitt geht es um Schwierigkeiten, die die Kälberhaltung aufwirft. Dass für die Tiere dabei Leid entsteht, wird sprachlich durch den Begriff „Stress" umgangen: „Sie reagieren empfindlich auf Stress sowie Temperaturschwankungen und sind anfällig auf Krankheitskeime aus der Umgebung." (S.4) Die Wendung „Sie reagieren empfindlich auf Stress" ist eine verfremdende Formulierung dafür, dass die Tiere unter dem ihnen zugefügten „Stress" *leiden*. Die explizite Benennung des Leidens der Tiere würde es dem Leser ermöglichen, sich mit dem Tier zu identifizieren. Dies ist aber in einer Werbebroschüre für Fleisch kaum erwünscht, da es dazu führen könnte, dass der Verbraucher oder die Verbraucherin die Zustände in der Tierhaltung hinterfragt. Was genau mit „Stress" gemeint ist, bleibt offen. „Stress" könnte in diesem Zusammenhang vieles implizieren, was nicht gerne benannt wird, wie zum Beispiel fehlende Bewegungsfreiheit und Beschäftigung, Monotonie, Einsamkeit, stickige Luft, unhygienische Zustände, die frühe Trennung von Mutter und Kind, etc. „Stress" wird häufig in der Literatur verwendet, wenn es darum geht, emotionale Zustände von Tieren zu beschreiben, um zu vermeiden, dieselben Bezeichnungen zu verwenden wie bei Menschen. Foer (2010) schreibt dazu: „Stress: Ein Wort, das von der Industrie benutzt wird, um zu vertuschen, worum es eigentlich geht (*siehe*: LEIDEN)." (Foer 2010:87)

4.4.1. Fazit

In dem untersuchten Diskursfragment (S.1-5) haben wir eine Reihe von Distanzierungsmechanismen, wie in Kapitel 4.1. beschrieben, wiedergefunden. Es fanden sich Aspekte der Vergegenständlichung von Tieren sowie der Instrumentalisierung der Tiere durch deren Stigmatisierung als Nutzungsobjekte. Ebenso fanden wir sprachliche Mittel der Anonymisierung und Entindividualisierung, insbesondere im Hinblick auf abstrahierende Gruppenbezeichnungen, die vom individuellen Tier wegführen. Ein weiterer Aspekt der Distanzierung und Abwertung der Tiere hat sich darin gefunden, dass für eigentlich analoge Gegebenheiten bei Mensch und Tier beim Tier andere Ausdrücke gewählt werden. Auch die sprachliche Inszenierung von Freiwilligkeit bzw. Willenlosigkeit, die insofern als emotionale Distanzierung zu bewerten ist, als sie eine Möglichkeit der Verantwortungsverschiebung bietet, konnte im Text wieder gefunden werden. In Bezug auf das Töten wird Distanz hergestellt, zum einen mittels Euphemismen und zum anderen dadurch, dass das Thema in Bezug auf den gesamten Text fast vollständig ausgeklammert wird. In Bezug auf den Gesamttext findet sich dasselbe Muster: Es ist die Rede von den Kälbern, von der Mast und als nächstes vom Fleisch. Dies entspricht dem Muster der abwesenden Referenten. Die Zwischenstufe zwischen dem lebendigen Tier und dem Fleisch wird ausgeblendet. Fill vermutet, dass der Bereich des Verzehrens und Tötens von anderen Lebewesen sprachlich durch Versachlichung dem Bereich der Emotionen entzogen werde, „damit die Realität des Tötens nicht zu Bewusstsein kommt und Appetit und Geschmack nicht darunter leiden" (Fill 1993:108).

In Bezug auf die Machtausübung durch den Transport ideologischer Annahmen, die wir in Kapitel 1.3. besprochen haben, wollten wir mittels Diskursanalyse prüfen, inwiefern, diskursive Mittel zur Herstellung und Festigung des impliziten Einverständnisses der Verbraucher zur Unterdrückung der Tiere beitragen. Die oben erläuterten Mittel zur Distanzierung des Menschen vom tierlichen Individuum und dem Bereich des Tötens und der Gewalt könnten als solche diskursiven Mittel zur Herstellung impliziten Einverständnisses bewertet werden. Denn es wird vermutet, das umgekehrt ein Text, der anstelle des Rekurses auf Distanzierungsmechanismen bewusst die Identifizierung mit den Tieren fördert und die Umstände des Tötens unverschleiert darstellt, Verbraucher dazu anregen könnte, den institutionalisierten Speziesismus zu hinterfragen, worauf die vielleicht weniger geneigt wären das beworbene Fleisch zu kaufen. Das implizite Einverständnis wird auch dadurch erzeugt, dass im gesamten Text eine anthropozentrische Einstellung vorherrscht, nach der die (Aus-) Nutzung von Tieren zur Befriedigung menschlicher Bedürfnisse gebilligt wird. Dies steht einer öko-pathozentrischen Sichtweise entgegen, nach der das Wohlergehen *aller* Lebewesen gleichermaßen zu berücksichtigen sei. Durch die Darstellung der Tiernutzung als legitim werden Zweifel an der moralischen Richtigkeit des gesamten Prozesses von vorneherein beiseite gedrängt.

Ein Blick auf die Struktur des Gesamttextes verrät, wie die einzelnen Aspekte der Fleischproduktion gewichtet werden. Auf Seite 1 und von Seite 6-16 – also auf 12 von 16 Seiten – geht es fast ausschließlich um Fleisch und dessen Zubereitung. Der Text beginnt mit dem Bild eines appetitanregenden Stückes zubereiteten Fleisches und schließt nach einer relativ kurzen Beschreibung der Entstehungsbedingungen des Kalbsfleisches mit einer Reihe von Zubereitungshinweisen ab. Diese Schwerpunktsetzung auf das Produkt Fleisch zeugt davon, dass dem lebenden Tier relativ geringe Bedeutung beigemessen wird. Dies bestätigt Fills Annahme, dass das Tier im Kontext der Fleischproduktion nur als „Lieferant" fungiere. Die Tiere werden aus der Perspektive der größtmöglichen Nützlichkeit für den Menschen betrachtet. Die eigenen Interessen des tierlichen Individuums werden nicht berücksichtigt. (Vgl. Fill 1993:108)

Im Sinne der anthropozentrischen Sichtweise wird der Wert von Nutztieren in der industrialisierten Landwirtschaft nur mehr nach deren Verkaufswert und Erzeugungsleistung bemessen. Ein inhärenter moralischer Wert wird ihrem Leben und Sterben selten beigemessen. Das untersuchte Diskursfragment scheint diesen Trend zu bestätigen.

4.5. Vergleich von Texten über Heimtiere und Nutztiere

Im Folgenden Abschnitt sollen verschiedene Zeitungsartikel untersucht werden. Dabei werden Texte, bei denen es um verunglückte Tiertransporte mit Heimtieren geht, solchen Texten gegenüber gestellt, bei denen es um verunglückte Tiertransporte mit Nutztieren geht. Es wird vermutet, dass sich im Falle von Nutztieren Merkmale eines distanzierenden Sprachgebrauchs vorfinden, während bei Heimtieren eher emotionale Nähe geschaffen wird. Dies würde die Hypothese bestätigen, dass unser Umgang mit Tieren ambivalent ist und davon abhängig, welcher Zweckdienlichkeitskategorie Tiere angehören.

Die Diskursfragmente stammen aus der Zeitung *Bild Online*. Die Bild-Zeitung gehört zur Boulevard-Presse und ist für ihren sensationsheischenden Stil bekannt. Das Wissen um die Tendenz zu einem übertreibenden Sprachgebrauch wird in der Analyse berücksichtigt. Um einen Vergleich auf derselben Ebene zu gewährleisten, wurden Texte von derselben Zeitung ausgewählt. Sie sind begrenzt auf einen Zeitraum von circa drei Jahren.

4.5.1. Verunglückte Welpen

In zwei dasselbe Ereignis behandelnden Zeitungsartikeln („Welpen-Drama auf der Autobahn"/Text 4; „Alle wollen die süßen Hunde-Welpen"/Text 5) geht es um einen verunglückten Tiertransporter mit Hundewelpen, bei dem 2 von 113 Hunden starben.

Insgesamt ist augenfällig, dass einerseits die Tiere sprachlich verniedlichend dargestellt werden und andererseits der Transport und der Unfall dramatisiert werden. Die Welpen werden bezeichnet als wahlweise „süße Hunde-Babys", „die Kleinen", „die armen Welpen", die „süßen Hundewelpen" oder „Babyhunde". Dieser verniedlichende Sprachgebrauch ist allerdings nicht unbedingt mit einem anthromorphisierenden (vermenschlichenden) Sprachgebrauch gleichzusetzen. Denn die Verniedlichung hat hier auch etwas Ironisches und Abwertendes. Bei einem Bericht über menschliche Kinder, denen ähnliches widerfahren wäre, wäre wohl selbst die Bild-Zeitung um mehr Objektivität bemüht. Die Intention dieser Verniedlichung liegt vermutlich darin, die Empathie des Lesers gegenüber den Tieren zu wecken.

Das den Tieren widerfahrene Geschehen insgesamt wird dramatisierend als „Welpen-Drama" oder „trauriges Ende eines dubiosen Tiertransports" bezeichnet; der Tiertransport als „grausamer" oder „dubioser Tiertransport". Der erste Text vermittelt den Eindruck, dass der Tiertransport nicht ganz legal sei, denn es heißt: „Tiertransport durch Unfall entlarvt". Es wird dann jedoch aufgeklärt: „Das Unfassbare: Dieser Tierquäler-Transport ist legal!" Durch die mitschwingende Bewertung, dass ein solcher Transport eigentlich nicht legal sein sollte, wird das Geschehen dramatisiert und somit beabsichtigt, die Identifikation des Lesers mit den Hunden zu fördern.

Insgesamt finden sich in beiden Texten einige Bewertungen des Geschehens, bei denen Partei für die Hunde ergriffen wird und die die Identifizierung fördern. So werden zum Beispiel die Hundeboxen als zu klein und qualvoll für die Tiere bewertet: „Die Welpen liegen eng aneinander in viel zu kleinen Käfigen." und in „viel zu engen Boxen regelrecht übereinandergestapelt." (Text 4)

Die Formulierungen „schwer verletzt", „völlig verstört", „völlig traumatisiert" (Text 4) und „waren in elendem Zustand" fördern ebenfalls die Identifizierung mit den Tieren und sprechen die Empathie der Leser gegenüber den Tieren an. Solche Formulierungen werden in der Regel eher bei der Beschreibung von Menschen verwendet.

In Käfigen eingesperrte Hunde werden als „entsetzlicher Anblick" und als „trauriges Bild" beschrieben, das sich den Einsatzkräften bot. Die Umgebung im Lastwagen wird bezeichnet als „bestialisch nach Urin und Kot" (Text 4) stinkend. Solche Formulierungen können als Mittel der Dramatisierung des Geschehens bewertet werden und sollen das Mitleid der Leser anregen.

Der Tod der Welpen wird in beiden Texten kaum direkt angesprochen, sondern nur umschrieben, wie in dem Satz „Für zwei der 113 Welpen kam jede Hilfe zu spät." (Text 5) Hier ersetzt die Formulierung „kam jede Hilfe zu spät" den Umstand des Todes. Die Distanzierung vom Begriffsfeld „Töten" wird hier vermutlich aus einem anderen Grunde geschaffen als bei Nutz- oder Wildtieren. Es geht nicht darum, den Bereich des Nahrungsmittelverzehrs vom Tod zu distanzieren, sondern um die emotionale Überforderung der Leser durch ein direktes Benennen des Umstandes, dass die Tiere verstorben seien.

Im letzten Teil des zweiten Textes (Text 5) geht es um die Frage, ob die Tiere nach der tierärztlichen Untersuchung weiter transportiert oder „zur Vermittlung freigegeben" werden sollten. Der Schreibstil macht unmissverständlich deutlich, dass gegen jeden weiteren Transport der Tiere Partei ergriffen wird:

(1) „Unfassbar: Der Horror-Transport könnte schon bald weitergehen!"
(2) „Sind die Tiere ordnungsgemäß geimpft und gechipt, gibt es keine Handhabe, den Transport aufzuhalten."

Die zweite Option, die Tiere direkt zu vermitteln, wird deutlich als die bessere dargestellt. Dazu wird die Tierheimleiterin zitiert: „Wir hoffen sehr, dass die Welpen hierbleiben. Dann können wir sie in liebevolle Hände vermitteln."

Im ersten Text (Text 4) wird zusätzlich Nähe zu den Tieren geschaffen, indem die betroffenen Rassen benannt werden: „Babyhunde[n] (darunter Möpse, Bulldoggen, Huskyes und Bernhardiner)". Innerhalb der Kategorie „nichtessbare Tiere" wird auf diese Weise noch präzisiert, welche Tiere gemeint sind. Möglicherweise wird dadurch ihre Stellung innerhalb dieser Kategorie gefestigt. Die Nennung der Rassen schafft zudem Vertrautheit und ruft eventuell Bilder von bestimmten Hunden hervor, die diesen Rassen angehören – möglicherweise Hunde, die der Leser persönlich kennt. Dies schafft Nähe und ermöglicht Identifizierung.

Durch die Kombination von Mitleid und Drama versucht die Boulevardzeitung Bild im üblich reißerischen Stil beim Leser gesteigertes Interesse zu wecken, indem Nähe zu den Tieren hergestellt wird. Zu dem verunglückten Hundetransporter und ähnlichen Ereignissen gab es in der Bild-Zeitung eine Reihe von Folgeartikeln, in denen das weitere Ergehen der überlebenden Hunde verfolgt wird. Die Tiere wurden zunächst bei einem Tierarzt versorgt und dann von Privatpersonen aufgenommen.

Die Feinanalyse der beiden ausgesuchten Texte, sowie die Strukturanalyse einiger Folgeartikel in der Bild-Zeitung hat insgesamt gezeigt, dass emotionale Nähe zu den Hunden geschaffen wird, indem Identifizierungsmuster geschaffen werden, Partei mit den Tieren ergriffen wird oder die Tiere verniedlicht werden. Insgesamt werden Sachverhalte häufig dramatisiert und übertrieben dargestellt, was das Angebot der Identifizierung mit den Tieren verstärkt.

4.5.2. Tiertransporte mit Nutztieren

Im folgenden Abschnitt soll den Ergebnissen aus der Analyse von Texten über Heimtiere eine Analyse von Texten über Nutztiertransporte vergleichend gegenüber gestellt werden. Es wird vermutet, dass bei Nutztieren tendenziell eher ein emotional distanzierender Sprachstil gewählt wird. Aus den Recherchen nach einem passenden Textkorpus hat sich bereits ergeben, dass die Berichterstattung über entsprechende Tiertransportunglücke weniger umfangreich erfolgt. Bei Ereignissen mit verunglückten oder in Mitleidenschaft gezogenen Welpen gab es mehrere Artikel in der Bild-Zeitung, die das Geschehen noch Wochen später verfolgten. Bei Nutztiertransporten hingegen erschien zu jedem recherchierten Ereignis nicht mehr als ein Artikel. Zudem sind die Artikel über Nutztiertransporte im Vergleich deutlich kürzer. Aus dieser Feststellung lässt sich schließen, dass das vermutete Leserinteresse deutlich geringer ist, wenn es um Nutztiere geht.

Beim ersten dazu untersuchten Text handelt es sich um einen kurzen Zeitungsartikel aus der Bild-Zeitung („Fäkalien auf der Fahrbahn – Polizei stoppt Tiertransporter"/Text 6). Es geht um einen Rindertransport, der auf dem Weg zum Schlachthof von der Polizei angehalten werden musste, da „Verstöße gegen Vorschriften beim Tiertransport" festgestellt worden waren.

Auffallend ist, dass aus dem Bericht zunächst nicht hervorgeht, dass es sich bei den betroffenen Tieren um Rinder handelt, die auf dem Weg zum Schlachthof waren. Erst im vierten Satz wird der Leser über diese Tatsache informiert: „Die 18 Rinder waren auf dem Weg in den Schlachthof." Danach werden die Rinder selbst und ihr Wohlergehen nicht mehr erwähnt. Der Schwerpunkt wird auf die Verschmutzung des Transporters gelenkt, die der Polizei Anlass gab, das Fahrzeug anzuhalten und die, so wird angenommen, einen Verstoß gegen das Tierschutzgesetz darstellt:

> Die Polizei hat in Oberfranken einen Tiertransporter gestoppt, der so verschmutzt war, dass die Fäkalien bereits auf die Fahrbahn liefen. [...] Das vorgeschriebene Transport- und Desinfektionsbuch hatte der Fahrer zuletzt im August geführt. Der 52-Jährige [sic] und sein Chef werden nun wegen des Verstoßes gegen das Tierschutzgesetz angezeigt. (Text 6)

Der Ausdruck „Fäkalien" wird zwar normalerweise auch für menschliche Ausscheidungen verwendet er klingt jedoch technisch und distanzierender als die im Text über Hundewelpen gewählte Formulierung „Urin und Kot". Ansonsten scheint in diesem kurzen Zeitungsartikel im Hinblick auf den Sprachgebrauch in Bezug auf Tiere allerdings besonders dasjenige interessant, was *nicht* gesagt wird. Die Aufmerksamkeit des Lesers wird auf die objektiven Fakten (die Verschmutzung und den Gesetzesverstoß) gelenkt – das Wohlergehen der Tiere bleibt unerwähnt. Im direkten Vergleich mit dem Text über die verunglückten Welpen wirkt dies besonders frappant. So könnte man fragen, wieso im Falle von Rindern ein vor Fäkalien überlaufender Transporter eigentlich nicht auch als „Horrortransport" oder „Tierqualtransporter" bezeichnet wird. Oder, wie es kommt, dass kein Wort darüber verloren wird, dass die Rinder stundenlang in dem Fäkalien durchtränkten Wagen „ausharren" mussten. Im Gegensatz zum Welpen-Text liegt hier offenbar nicht die Intention darin, durch Identifizierung Mitleid mit den Rindern zu erwecken. Es wäre schließlich auch paradox, die Empathie zu den Tieren in diesem Kontext zu betonen – schließlich befanden sie sich auf dem Weg zum Schlachthaus und damit indirekt auf die Speiseteller der Verbraucher – und so gab es kein „Happy End" (Sollfrank, L./Nürnberg,M 2012) wie es in einem anderen *Bild*-Artikel über Welpentransporte heißt.

Ein weiterer kurzer Text zum Thema Tiertransport aus der Bildzeitung („Tiertransport-Anhänger kippt um - 55 Kälber tot", Text 7) steht mit seinem trockenen und knappen Stil im krassen Kontrast zum dem Text über den Welpentransport:

> Bei einem Unfall eines Tiertransporters sind auf der Autobahn 33 bei Paderborn 55 Kälber getötet worden. Der Lastwagen mit Hänger war am Dienstag am Kreuz Wünnenberg-Haaren ins Schlingern geraten, wie die Polizei in Bielefeld mitteilte. Der mit 165 Kälbern beladene Hänger geriet auf den Grünstreifen und kippte dann quer auf die Fahrbahn. 55 Kälber kamen um - einige schon durch den Unfall, andere wurden wegen ihrer Verletzungen vom Tierarzt getötet. (Text 7)

Im Gegensatz zum Text über Hundewelpen, werden hier keinerlei Mittel zur Schaffung emotionaler Nähe eingesetzt. Es wird nichts über den physischen oder psychischen Zustand der Tiere erwähnt. Die Tatsache, dass einige Kälber aufgrund ihrer Verletzungen vom Tierarzt getötet wurden, wird unhinterfragt hingenommen. Etwa, ob es sich lohne, die Tiere ärztlich zu versorgen, wird gar nicht diskutiert. Darüber hinaus wird nicht nach dem Verbleib der überlebenden Kälber gefragt (die, wie nur zu vermuten ist, weiter zum Schlachthof gefahren wurden). Der Lastwagenfahrer als Verantwortlicher dieses Unglücks bleibt unerwähnt, stattdessen ist nur von dem „Lastwagen" die Rede. Dies könnte man als Verantwortungsverschiebung bewerten.

In einem weiteren Text („Polizisten als Cowboys"/Text 8) geht es um einen verunglückten Nutztiertransport mit Kühen. Wie in den anderen Diskursfragmenten werden die Tiere selbst nur am Rande erwähnt. Zusätzlich wird das Ereignis mittels Ironie ins Lächerliche gezogen. Ein Anhänger, in dem sich zwei Kühe befanden, war infolge eines Zusammenstoßes auf der Autobahn umgekippt. Die Kühe konnten somit entkommen und mussten von der Polizei eingefangen werden. Das Ereignis wird im ersten Satz wie folgt zusammengefasst: „Kölner Polizisten haben am Donnerstag auf der Autobahn Cowboy gespielt." Das Wohlergehen der Kühe während oder nach dem Unfall, der emotionale ‚Stress' oder eventuell körperliche Verletzungen bleiben vollständig unerwähnt. Stattdessen wird das Ganze als Spiel dargestellt und lächerlich gemacht – die Würde der Tiere findet keine Beachtung.

In einem weiteren Text über einen umgekippten Schweinetransporter („Sie quiekten aufgeregt, aber sie leben - zumindest bis jetzt"/Text 9) werden die Schweine und ihr Ergehen ins Lächerliche gezogen. Insgesamt sind 11 Schweine umgekommen („erlitten einen tödlichen Schock") und 174 haben überlebt. Im Text wird dann ein Sprecher der Feuerwehr zitiert: „Wir haben etwa drei Stunden gebraucht, um die Schweine in den anderen Laster zu kriegen. Das war in der Schweinekälte eine Schweinearbeit." Das Zitat wird gleich drauf von *Bild* kommentiert mit: „Was für eine Schweinerei vorm Schlachthof!" Durch diese Wortwahl werden die Schweine lächerlich gemacht und herabgewürdigt.

4.5.3. Fazit Vergleich

Die Analyse der Bild-Artikel über Nutztiertransporte hat ergeben, dass nicht wie im Falle der Berichte über Hundetransport emotionale Nähe, sondern im Gegenteil eher emotionale Distanz zu den Tieren geschaffen wird. Zum einen wird dies erreicht durch einen nüchternen Sprachstil und die Konzentration auf äußerliche Fakten – im Gegensatz zu dramatisierenden Übertreibungen – sowie durch Ironie und Abwertung der Tiere. Darüber hinaus spielt die Gewichtung der Information eine entscheidende Rolle. Innerhalb des Textes werden die Nutztiere nur am Rande erwähnt und man erfährt nichts über ihr Wohlergehen. Auf der Makroebene zeigt sich durch die verkürzte und spärlichere Berichterstattung, dass dem Unfall mit den Nutztieren und deren weiterem Ergehen weniger Wichtigkeit beigemessen wird. Der ambivalente Sprachgebrauch gegenüber Heimtieren einerseits und Nutztieren andererseits festigt die speziesistische Annahme, dass Nutztiere weniger achtens- und beachtenswert seien als Heimtiere.

Die Analyseergebnisse lassen keine Rückschlüsse auf den gesamtgesellschaftlichen Diskurs zu – dafür ist der Schreibstil der Bild-Zeitung zu speziell und der ausgewählte Textkorpus zu klein. Dennoch lässt sich in diesem Rahmen eine Aussage über eine gesellschaftliche Tendenz machen. Die Ergebnisse scheinen die Hypothese zu bestätigen, dass der sprachliche und faktische Umgang mit Tieren ambivalent und widersprüchlich ist. Tiere werden je nach Zugehörigkeit zu einer bestimmten Spezies und/oder Nutzungskategorie anders behandelt. Nach speziesismus-kritischer Auffassung ist eine Ungleichbehandlung von Tieren allein aufgrund der Zugehörigkeit zu einer anderen Spezies nicht zu rechtfertigen.

Der Nachweis eines distanzierenden Sprachgebrauchs wird als Beleg dafür verstanden, dass die Kritik am Speziesismus nicht unbegründet ist. Es herrscht eine Dopppelmoral: Einerseits gilt Speziesismus als gesellschaftlich akzeptiert, andererseits weist der distanzierende Sprachgebrauch daraufhin, dass eine direkte Konfrontation mit den verschiedenen Implikationen des Speziesismus Unbehagen hervorruft und nicht erwünscht ist.

4.6. Vorschläge für einen alternativen Sprachgebrauch

Eine kritische Diskursanalyse wäre unvollständig, wenn nicht auch Alternativen zu den kritisierten Umständen aufgezeigt würden. Durch einen veränderten Sprachgebrauch könnten Zustände bewusst und damit veränderbar gemacht werden. Jäger schreibt dazu:

> Zu erinnern ist auch daran, dass den Analyseergebnissen durchaus mit Träumen und Utopien begegnet werden kann und auch sollte. Kritik hat immer auch ein utopisches Potential, indem sie einem analytisch ermittelten Zustand Alternativen gegenüberstellt. (Jäger 2012:157)

Unsere Sprachkritik und das Aufzeigen von Alternativen soll allerdings weder dogmatisch noch präskriptiv sein. Das Ziel ist nicht ein Verbot von Sprech- oder Denkweisen, sondern lediglich das Bewusstmachen des Anthropozentrismus in der Sprache. Ein „ökologisches Umbenennen" (Fill 1993:109ff.) kann dazu dienen, Sachverhalte aus einer anderen Perspektive heraus zu betrachten.

Das zentrale Moment eines anthropozentrisch-speziesistischen Sprachgebrauchs besteht, wie wir gesehen haben, in der Vergegenständlichung von Tieren und der emotionalen Distanzierung des Menschen von Tieren, die als wirtschaftliche Ressource vom Menschen genutzt werden. Bei dem Vorgang, den Petrus (2013) als „Desubjektivierung" bezeichnet, gelten die Vergegenständlichung und Anonymisierung von Tieren als Voraussetzung dafür, dass sie in Objekte und somit in Produkte verwandelt bzw. der Kategorie „essbar" zugeordnet werden können – und auf diese Weise zu „abwesenden Referenten" gemacht werden. (Petrus 2013) Petrus vermutet, dass im Umkehrschluss eine „Re-Subjektivierung" von Nutztieren zu einer Wiederherstellung des „systematisch aufgehobenen Bezugs zwischen Lebewesen und den daraus erzeugten ‚tierlichen Produkten'" (Petrus 2013) führen könnte. Folglich dürfe es den Konsumenten schwerer fallen, die Nutztiere hinter den Nahrungsmitteln zu vergessen. Sie würden als Individuen wahrgenommen und

> in eine Perspektive gerückt werden, unter der wir üblicherweise Heimtiere als eigenständige Wesen wahrnehmen – und damit als ‚Subjekte', mit denen wir sympathisieren und mitfühlen." (Petrus 2013)

Die „Re-Subjektivierung" von Tieren könnte auf sprachlicher Ebene durch verschiedene Mittel erfolgen. Das Phänomen des abwesenden Referenten könnte man – zumindest sprachlich – umgehen, indem man die Zusammenhänge direkt und explizit anspricht. Der griechische Philosoph Plutarch (um 45 bis 120 n. Chr.) antwortet in einem Textstück (Rousseau

1963:157ff.)[38] auf die Frage, wieso sein Lehrer Pythagoras kein Fleisch esse. Dabei benennt er die Vorgänge und Implikationen des Fleischessens genau und stellt die Verbindung zum ehemals lebendigen Tier dar:

> Du fragst mich, was Pythagoras bewog, kein Fleisch zu essen. Ich aber frage dich, was für einen Mut der Mensch gehabt haben muss, der zuerst ein <u>blutiges Stück Fleisch</u> in den Mund steckte und mit seinen Zähnen <u>die Knochen eines toten Tieres</u> zermalmte, <u>der tote Körper</u>, <u>Leichname</u> auftragen und <u>Glieder von Tieren</u> in seinen Magen hinabgleiten ließ, die <u>noch im Augenblick vorher blökten, brüllten, liefen und sehen konnten</u>. Wie konnte seine Hand <u>einem empfindenden Wesen</u> ein Messer ins Herz stoßen, und wie konnten seine Augen einen <u>Mord</u> ertragen? Wie konnte er zusehen, wie man ein <u>armes, wehrloses Wesen schlachtete, enthäutete und zerstückelte</u>? Wie konnte er den Anblick des noch <u>zuckenden</u> Fleisches ertragen? […] Ekelte es ihn nicht, und fühlte er sich nicht zurückgestoßen und von Grauen erfasst, wenn er <u>in den Wunden</u> gerührt hatte und das <u>angeklebte, schwarze, geronnene Blut</u> von den Händen abtrocknen musste? […]Wie habt ihr das Herz, neben ihre süßen Gaben <u>Gebeine von Tieren</u> auf euren Tisch zu bringen und außer der Milch, die sie euch liefern, noch das Blut der Tiere zu genießen? (Rousseau 1963:157ff.)

Plutarchs Argumentation für die Entscheidung Pythagoras', kein Fleisch mehr zu essen, scheint zunächst[39] allein darin zu bestehen, die Umstände des Fleischessens direkt zu benennen und die Verbindung zum lebendigen Tier herzustellen. Als sei der Kern seiner Aussage: „Wenn man das Fleischessen nur aus der ‚richtigen' Perspektive betrachtet und die Dinge beim Namen nennt, muss man sich gar nicht mehr fragen, weshalb Pythagoras kein Fleisch aß." Plutarch bezeichnet das Schlachten von Tieren als „Mord" und benennt den Vorgang des Schlachtens detailliert („schlachtete, enthäutete, zerstückelte"). Er bringt außerdem sprachlich das Fleisch mit dem Bereich des Tötens und des Todes in Verbindung: „tote Körper", „Leichname", „Gebeine von Tieren". Zudem stellt Plutarch direkt den Bezug vom Fleisch zu den einst lebendigen, „empfindsamen Wesen" her, die „noch im Augenblick vorher blökten, brüll-

---

[38] Rousseau hat dieses mehrseitige Zitat selbst aus dem Altgriechischen übersetzt, um es in seinem Buch „Emil oder über die Erziehung" in voller Länge zu zitieren (Vgl. Rousseau 1963:157)

[39] Der zweite Aspekt von Plutarchs Argumentation besteht darin, dass Fleischessen in einer Gesellschaft des Überflusses, in der genug andere Lebensmittel zur Verfügung ständen, nicht von Nöten sei: „[…] Staunen muss man über diejenigen, die diese grausamen Mahlzeiten anfingen, nicht über diejenigen, die sich ihrer enthielten. Doch können die ersteren immerhin ihre Barbarei mit Entschuldigungen rechtfertigen, die wir nicht vorbringen können; und so sind wir noch hundertmal grössere Barbaren als sie. […] Als die entblösste und nackte Erde uns endlich nichts mehr bot, waren wir gezwungen, uns an der Natur zu vergreifen, um uns zu erhalten, und wir aßen lieber die Mitgenossen unseres Elends, als mit ihnen umzukommen. Aber euch, ihr Grausamen, wer zwingt euch denn, Blut zu vergießen? Seht den Überfluss an Gütern, der euch umgibt. […]" (Rousseau 1963:158)

ten, liefen und sehen konnten". Auch die Erwähnung des Blutes, der Wunden und des „noch zuckende Fleisch" weisen auf die Zwischenstufe zwischen lebendigem Tier und Fleisch hin. „Fleisch" ist bei Plutarch kein „freischwebendes Bild" (Adams 2002:52), sondern wird mit den Tieren in Verbindung gebracht: es handle sich um „Glieder von Tieren" und um deren „Knochen". Die explizite Benennung von Fleisch und dessen Herstellung wirkt oft provokativ. Offenbar war es Plutarchs Intention, provokativ zu wirken und die Leser mit direkten Worten aufzurütteln. Emarel Freshel schreibt: „Wenn die Sprache, die die Wahrheit über Fleisch als Nahrungsmittel sagt, nichts für unsere Ohren ist, dann ist das Fleisch selbst nichts für unsere Münder." (z. n. Adams 2002:76)

Laut Adams zeige die Tatsache, dass wir normalerweise davon sprechen „Fleisch" zu essen und nicht „Tiere", dass unsere Sprache die Akzeptanz dieser Tätigkeit ausdrücke. (Vgl. Adams 2002:75) Weitere Alternativbezeichnungen für „Fleisch" wären zum Beispiel: „Tiermuskelstück", „teilweise verbrannte Stücke toter Tiere", „geschlachtete nichtmenschliche Tiere" oder „ausgedörrte Tierleichen". (Vgl. Adams 2002:78; Fill 1993:110) Solche Begriffsbildungen wirken provokativ und reißen das Fleischessen aus dem Kontext der Akzeptanz heraus; sie halten sich nach Adams nicht an „unseren üblichen Diskurs, der die Essbarkeit von Tieren voraussetzt" (Adams 2002:79). Sie erzeugen, so Adams, ein Störgefühl (siehe *kognitive Dissonanz,* Kapitel 2.2.3.2.), das aber nicht daher rühre, dass sie falsch seien, sondern, dass sie *zu* genau seien. (ibid.)

Auf das Phänomen der kognitiven Dissonanz bezogen, könnte man vermuten, dass Plutarch (in Unkenntnis dieses Begriffes) intendiert, ein Gefühl der „kognitiven Dissonanz" zu erzeugen, indem er auf die unangenehmen Aspekte des Fleischessens hinweist. Joy nimmt an, dass die meisten Menschen das „karnistische" System, würden sie direkt mit dessen Implikationen konfrontiert, nicht mehr unterstützen wollen würden. Die emotionale Nähe, die die meisten Menschen zu Tieren aufbauten, mit denen sie zusammen lebten, sei psychologisch nicht vereinbar mit den Gewalttaten[40], die Tieren, die in der industriellen Landwirtschaft leben, zugefügt würden. (Vgl. Joy 2010:32f.)

Weiter im Text erinnert Plutarch an die Ähnlichkeit des Menschen zu anderen Lebewesen: „Du bist ein unnatürlicher Mörder, wenn du noch immer daran fest hältst, deinesgleichen, Wesen von Fleisch und Bein, empfindend und lebend wie du, zu verzehren." (Rousseau

---

[40] Gemeint sind gewaltvolle Handlungen wie z.B. das Halten von Tieren unter unwürdigen Bedingungen, auszehrende Tiertransporte, das Schlachten, das Trennen von Müttern und ihren Jungen, das betäubungslose Kupieren von Schwänzen und Kastrieren von Ferkeln, etc.

1963:158) Durch die Aufwertung der Tiere als den Menschen gleichwertig wird die emotionale Distanz zu den verzehrten Tieren aufgehoben. Zu vermeiden sind aus speziesismuskritischer Sicht allgemein auch Bezeichnungen, die Tiere abwerten, wie Schimpfwörter, oder Wendungen wie „es sind ja *nur* Tiere". Um sprachlich Tiere aufzuwerten und auszudrücken, dass sie moralisch nicht minderwertig im Vergleich zu Menschen seien, könnte man entweder den Begriff des „Tieres" ganz vermeiden oder sprachlich zum Ausdruck bringen, dass Menschen auch Tiere seien, z.B. mit Formulierungen wie „Menschen und andere Tiere" oder „nichtmenschliche Tiere"[41] anstelle von „Tiere". Anstatt alle „nichtmenschlichen Tiere" unter dem Sammelbegriff „Tiere" zu subsummieren, und dem Menschen als eigene Gruppe unterzuordnen, könnte man alles Lebendige vielmehr als Kontinuum betrachten – und dies sprachlich zum Ausdruck bringen, indem die starre Mensch/Tier-Dichotomie aufgehoben würde. Laut Fill werden in einer ökologischen Sprachwissenschaft statt der Trennungen die Bindungen und statt der Oppositionen die Beziehungen betont. (Fill 1993:4) Dunayer schlägt vor, sowohl für menschliche und als auch für nichtmenschliche Lebewesen die Begriffe „Individuum" und „Person" zu verwenden. (Dunayer 2011:180ff.) Alternativ könnte man auch alle Lebewesen des Planeten Erde als „Erdlinge" bezeichnen. Dunayer schlägt zudem vor, bei analogen Gegebenheiten bei Mensch und Tier auch dasselbe Vokabular zu wählen. So könnte man auch bei Tieren direkt von *Bevölkerungen, Schwangerschaft, essen* etc. sprechen. Insbesondere Gefühlszustände wie *Trauer, Angst, Liebe, Schmerz* etc. sollten laut Dunayer bei Tieren direkt angesprochen werden und nicht etwa durch indirekte oder abstrakte Beschreibungen wie „Stress" oder „Paarungsverhalten", die nahe legen, dass Tiere kein dem Menschen ähnliches Gefühlsleben hätten. (Vgl. Dunayer 2001:181)

Um sprachlich auszudrücken, dass Tiere nicht als Gegenstände betrachtet werden, könnte man Tiere in die Bedeutung der Indefinitpronomen „jemand", „niemand" und „alle" einbeziehen. Auch bei dem Fragewort „wer" könnten Tiere mitgemeint werden. Tiere könnten grundsätzlich, auch in der Landwirtschaft, Eigennamen tragen. So würden sie eher als Individuen berücksichtigt. (Vgl. Dunayer 2011:182)

Dunayer schägt vor, in Bezug auf das Mensch-Tier-Verhältnis eine *moralisierende* Sprache zu wählen, bei der Mord, Grausamkeit, Ausbeutung und Unterdrückung direkt angesprochen werden und Gewalt nicht banalisiert wird. (Vgl. Dunayer 2001:184)

---

[41] Das englische *nonhumans* oder *nonhuman animals* klingt ein wenig unkomplizierter. (Vgl. zum Beispiel Adams 1990; Dunayer 2001)

Allgemein wären Euphemismen und verschleiernde Bezeichnungen zu vermeiden, die das Leid und die Gewalt, die Tiere erfahren, kaschieren. Stattdessen können explizite Benennungen gewählt und neue Bezeichnungen geprägt werden, die näher an dem Bezeichneten sind. Kategorienbegriffe wie „Nutztier" oder „Schlachttier", die Tiere auf ihre Funktion für den Menschen reduzieren und Tiere damit ebenfalls moralisch abwerten, könnte man grundsätzlich in Anführungszeichen setzen, um deren kulturelle Funktion als instrumentelle Klassifizierung offen zulegen. Nach Fill verzichtet ein „ökologisches Umbenennen" auf die „Kategorisierung nach Verwendbarkeit" sowie auf Distanzierung und Euphemismen. (Fill 1993:110) Alternativ könnte man eine speziesismus-kritische Einstellung zum Ausdruck bringen, indem man nicht mehr von „Nutztieren" sondern von „genutzten Tieren" spräche. Noch provokativer könnte man aus antispeziesistischer Perspektive auch von „gefangen gehaltenen", „versklavten" oder „ausgebeuteten Tieren" sprechen. (Vgl. Dunayer 2001:194f.) Sicherlich würden sich solche Formulierungen in einem System, indem Nutztierhaltung gesellschaftlich akzeptiert wird, nicht durchsetzen. Dennoch können sie dazu dienen, zu veranschaulichen, wie man die Nutztierhaltung bewerten *könnte*. Das Aufzeigen ökologischer Sprachalternativen dient schließlich in erster Linie dazu, den anthropozentrischen Sprachgebrauch *bewusst* zu machen.

Eine Alternative für „Leder", die wörtlich benennt, um was es sich handelt, könnte lauten „abgezogene und verarbeitete Tierhaut". „Pelz" könnte man auch als „abgezogenes und verarbeitetes Fell" bezeichnen.

Bei unserer Diskursanalyse haben wir uns darauf konzentriert, den diskriminierenden Sprachgebrauch in Bezug auf Nutztiere zu kritisieren. Es gibt aber auch Vorschläge, Heimtiere durch bewussten Sprachgebrauch moralisch aufzuwerten. So könnte man statt von „Besitzern" oder „Haltern" von „Freunden", „Gefährten" oder „Beschützern" sprechen. (Vgl. Adams 2002:74) Anstelle von „Heimtieren" oder „Haustieren" könnte man alternativ von „Mitbewohnern" oder „Begleitern" sprechen. (Vgl. Dunayer 2001:182)

Eine weitere Möglichkeit, sprachliche Alternativen aufzuzeigen besteht auch darin, Texte aus der Perspektive eines Tieres umzuschreiben. So könnte zum Beispiel aus „wilden Tieren" *freilebende* Tiere werden. Günther Anders zitiert zum Beispiel eine Fabel, in der die Ameisen alle Lebewesen in Pflanzen, Tiere und Ameisen aufteilen, um dem Anthropozentrismus den Spiegel vorzuhalten. (Vgl. Fill 1993:111)

Insgesamt wäre aus pathozentrischer Sicht ein Sprachgebrauch wünschenswert, der das Tierleid und die Gewalt explizit benennt und durch den Tiere nicht abgewertet werden. Eine

Sprache, durch die ideologische Annahmen wie die Legitimität des Fleischessens und der Nutztierhaltung, sichtbar gemacht werden, könnte dazu führen, dass Verbraucher bewusster mit Nahrungsmitteln tierlicher Herkunft umgehen und deren Herkunft hinterfragen.

4.7. Relevanz der kritischen Diskursanalyse für die Übersetzungswissenschaft

Ein bewusster Sprachgebrauch ist besonders wichtig, wenn Texte verfasst werden, die einer breiten Öffentlichkeit zugänglich gemacht werden. Übersetzer zählen zu jener Personengruppe, die aktiv solche Texte gestaltet. In den vergangenen Jahren wurde vermehrt Literatur (z.B. Foer 2010; Joy 2013) zum Thema Tiere und Fleischessen veröffentlicht und unter anderem ins Deutsche übersetzt. In der Zeitung und anderen Medien wird vermehrt über solche Themen berichtet: Es scheint ein gesellschaftliches Umdenken in Bezug auf unser Verhältnis zu Tieren stattzufinden. Möglicherweise geht dieses Umdenken mit einer sprachlichen Wandlung einher. Besonders für Übersetzer spielt ein Bewusstsein für die Wandelbarkeit von Sprache und ein präziser Sprachgebrauch, der sich am Puls der Zeit bewegt, eine entscheidende Rolle. Für die Übersetzungswissenschaft könnten sprachvergleichende Untersuchungen im Hinblick auf anthropozentrischen und/oder speziesistischen Sprachgebrauch von Interesse sein. Fill zufolge ist Anthropozentrismus in verschiedenen Bereichen der Sprache und in den jeweiligen Einzelsprachen verschieden stark ausgeprägt. (Fill 1993:110) Sprachvergleiche verschiedener Sprachen und Kulturen im Hinblick auf anthropozentrische Muster könnten für die Übersetzungswissenschaft von Nutzen sein. Im Englischen scheint beispielsweise das Phänomen des abwesenden Referenten ausgeprägter zu sein als im Deutschen, da die Bezeichnungen für Fleischprodukte noch weniger auf das Tier verweisen als im Deutschen. Im Spanischen hingegen scheint das Phänomen des abwesenden Referenten weniger stark ausgeprägt zu sein. Auch ein Vergleich zwischen dem Deutschen und dem Französischen könnte interessant sein. Der Ausdruck *foie gras* („Fettleber"), der im französischen und zum Teil auch im Deutschen gebraucht wird, ist – vor allem , wenn im Deutschen verwendet – weniger bezeichnend als der deutsche Ausdruck „Stopfleber", der den qualvollen Herstellungsprozess[42] anklingen lässt: Könnte die vergleichsweise geringe Beliebtheit der Stopfleber im deutschsprachigen Raum mit diesem sprachlichen Unterschied in Verbindung stehen? Ferner könnten im Rahmen übersetzungswissenschaftlicher Forschung anthropozentrische Texte in

---

[42] Die Mastform zur Herstellung von Stopfleber ist in Deutschland und der Schweiz verboten, da sie als Tierquälerei erachtet wird.

ökologische Texte umgeschrieben bzw. übersetzt werden, um auf die verdeckten anthropozentrischen Züge von Texten aufmerksam zu machen.

5. Ausblick

Das Mensch/Tier-Verhältnis hat unter den bekannten Vertretern der Kritischen Diskursanalyse bis *dato* noch keine nennenswerte Beachtung gefunden. Die interdisziplinäre Forschungsrichtung *Human-Animals-Studies* hat sich in den letzten Jahren intensiv mit dem Machtverhältnis zwischen Menschen und Tier auseinander gesetzt. Die Dekonstruktion des Tier-Begriffes bzw. der Mensch-Tier-Grenze, die im Bereich *Human-Animals-Studies* diskutiert wird, hätte weitreichende Folgen auch für den Sprachgebrauch. Es ist zu vermuten, dass in Zukunft auch im Bereich der Diskursanalyse vermehrt Arbeiten über das Machtverhältnis gegenüber Tieren vorgelegt werden. Solche Arbeiten können dazu beitragen, dass das Unterdrückungsverhältnis, das zwischen Menschen und Tieren besteht, hinterfragt wird.

Wir haben unserer Untersuchung die *öko-pathozentrische* Annahme zugrunde gelegt, dass die Bedürfnisse anderer empfindsamer Lebewesen gleichermaßen moralisch zu berücksichtigen seien wie die der Menschen. Da in unserer Gesellschaft eine speziesistische Vorstellungswelt regiert und fest verankert ist, mag dieses Ansinnen utopisch klingen. Tatsächlich fordert die speziesismus-kritische Denkweise aber kein radikales Umdenken, sondern lediglich die Ausweitung und konsequente Anwendung bestehender Gerechtigkeitsprinzipien und Wertvorstellungen auf andere Spezies. Heutzutage mehrt sich das Wissen darüber, dass Tiere empfindungsfähige Wesen sind und über gewisse kognitive Fähigkeiten verfügen. Die Unterschiede zum Menschen sind geringer als gedacht und die Gemeinsamkeiten sind weit größer als gedacht. Lange sah der Mensch sich als Zentrum des Universums: Bis zur kopernikanischen Wende dachte man, die Erde sei dessen Mittelpunkt. Noch immer sieht der Mensch sich moralisch als Mittelpunkt allen Lebens auf der Erde. Er bereichert sich auf Kosten der Natur und anderer Lebewesen. Vielleicht befinden wir uns in einem Zeitalter, in dem auch diese Perspektive langsam ausgedient hat und einer Weltsicht Platz machen wird, nach der alle Lebewesen gleich an Wert sind und der Mensch einsieht, dass er durch die Ausbeutung der Natur sich selbst die Lebensgrundlage entzieht. Vielleicht kann das hierarchische Machtverhältnis zwischen dem Menschen und anderen Lebewesen überwunden werden. Vielleicht kann sich eine zweite „kopernikanische Wende" vollziehen, infolge derer der Mensch wirklich im Einklang mit der Natur leben und ein Denken annehmen wird, bei dem „nicht Größe, sondern Vielfalt, nicht weiteres Wachstum, sondern sein besseres (Zusammen)Leben [sic] mit seiner eigenen Spezies und mit anderen Arten im Vordergrund steht" (Fill 1993:133).

6. Quellenverzeichnis

6.1. Literaturverzeichnis

Adams, Carol J. (1990) *The Sexual Politics of Meat: A Feminist-Vegetarian Critical Theory.* New York: Continuum.

Adams, Carol J. (2002) *Zum Verzehr bestimmt. Eine feministisch-vegetarische Theorie.* Übersetzt a. d. Englischen v. Harringer, Susanna. Wien/Mühlheim an der Ruhr: Gutmann Peterson.

Anderson, John R. (1996) *Kognitive Psychologie.* Übersetzt und hg. von Grabowski, Joachim/Graf, Ralf. 2. Aufl. Heidelberg/Berlin/Oxford: Spektrum Akademischer Verlag.

Bentham, Jeremy (1789/1996) „Introduction to the Principles of Morals and Legislation" In: Burns, James H./Hart, Herbert L.A. (Hg.) *The Collected Work of Jeremy Bentham.* Oxford.

Bolinger, Dwight (1980) *Language, The Loaded Weapon. The Use and Abuse of Language Today.* London: Longman.

Busse, Tanja (2009) „Natur aus der Fabrik" In: *DIE ZEIT*, 29.01.2009, Nr.6.

Cabi, Tomas (2011) „Vortrag: Zur Sprache des Speziesismus. Wie Tiere sprachlos gemacht werden" In: *Rahmenprogramm mensch_tier – Ausstellung von Helmut Kiewert.* http://hartmutkiewert.files.wordpress.com/2011/03/zur-sprache-des-speziesismus_vortrag_fin.pdf (eingesehen am 25.07.2013)

Chambers, J.P. et al (2000) „Self-Selection of the Analgesic Drug Carprofen by Lame Broiler Chickens" In: *The Veterinary Record* 146.11. S. 307-311.

Cole, Matthew/Morgan Karen (2011) „The discursive representation of nonhuman animals in a culture of denial" In: Carter, Bob/ Charles, Nickie (Hg.) *Human and Other Animals: Critical Perspectives.* Basingstoke [u.a.]: Palgrave Macmillan. S.112-132.

Craig, W.J./Mangels A.R. (2009) „Position of the American Dietetic Association: vegetarian diets." In: *Journal of the American Dietetic Association*. 109. Berrien Springs: Andrew University. S. 1266-1282.

Darwin, Charles (1871) *The descent of man, and the selection in relation to sex*. London: John Murray.

Dawkins, Richard (1993) „Gaps in the mind" In: Cavalieri, Paola/Singer, Peter (Hg.) *The Great Ape Project*. Fourth Estate. S.80-85

Drewermann, Eugen (2005) *Über die Unsterblichkeit der Tiere*. Walter-Verlag.

Fairclough, Norman (1989) *Language and power*. Singapore: Longman.

Festinger, Leon (1957) *A theory of cognitive dissonance*. Stanford, Calif : Stanford Univ. Pr.

Fill, Alwin (1993) *Ökolinguistik. Eine Einführung*. Tübingen: Narr.

Foer, Jonathan Safran (2010) *Tiere essen*. A. d. amerikanischen Englisch übersetzt von Bogdan, Isabel/Herzke, Ingo/Jakobeit, Brigitte. Köln: Kiepenhauer & Witsch.

Goodall, Jane (2009) „Vorwort" In: Hatkoff, Amy *The inner world of farm animals: Their amazing social, emotional and intellectual capacities*. Stewart, Tabori & Chang.

Haeckel, Ernst Heinrich Philipp August (1866). *Generelle morphologie der organismen. Allgemeine grundzüge der organischen formen-wissenschaft, mechanisch begründet durch die von Charles Darwin reformierte descendenztheorie*. G. Reimer.

Haugen, Einar (1972) *The Ecology of Language*. Stanford: Stanford University Press.

Hildebrandt, Tina (2013) „Wovon reden Sie eigentlich. Quälerei oder bäuerliche Tradition? Ein Streitgespräch über Nutztierhaltung zwischen der Schriftstellerin Karen Duve und der Bundeslandwirtschaftsministerin Ilse Aigner" In: *DIE ZEIT*, 08.05.2013, Nr.20.

Jäger, Siegfried (2004) *Kritische Diskursanalyse. Eine Einführung*. 4. Aufl. Münster: Unrast-Verlag.

Jäger, Siegfried (2012) *Kritische Diskursanalyse. Eine Einführung*. 6., vollständig überarbeitete Auflage. Münster: Unrast-Verlag.

Jasner, Carsten (2010) „Wie Tiere fühlen" In: *greenpeace magazin* 4.10. [o.S.] http://www.greenpeace-magazin.de/magazin/archiv/4-10/schmerz/ (eingesehen am 25.07.2013)

Joy, Melanie (2010) *Why we love dogs, eat pigs and wear cows. An introduction to carnism – the invisible belief system that enables us to eat some animals and not others*. San Fransciso: Conari Press.

Joy, Melanie (2013) *Warum wir Hunde lieben, Schweine essen und Kühe anziehen: Karnismus - eine Einführung*. Ins Deutsche übersetzt von Stammberger, Achim. Compassion Media.

Köhler, Florian Michael (2005) *Wohlbefinden landwirtschaftlicher Nutztiere: naturwissenschaftliche Erkenntnisse und gesellschaftliche Einstellungen*. Dissertation zur Erlangung des Doktorgrades. Kiel: Institut für Agrarökonomie der Universität zu Kiel.

Krebs, Angelika (1997) *Naturethik: Grundtexte der gegenwärtigen tier- und ökoethischen Diskussion*. Frankfurt a. M.: Suhrkamp.

Laboulle, Luc (2012) „Melanie Joy. Autorin von ‚Why we love dogs, eats pigs and wear cows'" In: *Tageblatt Esch*, 15./16. 09. 2012, Nr. 216. S. 23.

Link, Jürgen (2006) *Versuch über den Normalismus. Wie Normalismus produziert wird*. Göttingen: Vandenhoeck & Ruprecht.

Maccoby, Hyam (1982) *The Scared Executioner*. London: Thames & Hudson.

Mackinger, Christof (2005) „Sprache – Unterdrückung – Tiere. Theoretische Annäherungen an abwertende Sprachgebräuche." In: *Tierbefreiung. Das aktuelle Tierrechtsmagazin*, Heft 49, Dezember 2005. S. 6-10.

Möller, Christina (2007) „Über die Verführbarkeit der Massen zu Schlächtern der Tiere. Eine Analyse zur WirkMacht der Werbung" In: *Tierbefreiung das aktuelle Tierrechtsmagazin*. Heft 57, Dezember 2007. S. 4-17.

Mütherich, Birgit (2009) „Soziologische Aspekte des Speziesismus" In: Ach, Johann S./Stephany, Martina (Hg.) *Die Frage nach dem Tier. Interdisziplinäre Perspektiven auf das Mensch-Tier-Verhältnis*. Berlin: Lit Verlag. S.75-93.

Pätzold, Martin (2011) *Argumente pro und contra Speziesismus*. http://www.tier-im-fokus.ch/mensch_und_tier/speziesismus/#sthash.Z7zeA48Z.dpuf (eingesehen am 25.07.2013)

Petrus, Klaus (2013) *Tiere als fragmentierte Subjekte*. [o.S.] http://www.tier-im-fokus.ch/mensch_und_tier/fragmentierte_subjekte/ (eingesehen am 25.07.2013)

Pörings, Ralf/Schmitz, Ulrich (1999) *Sprache und Sprachwissenschaft: eine kognitiv orientierte Einführung*. Tübingen: Narr.

Rieger, Marianne Christina (2008) *Das unbeweinte Schlachttier. Zugänge zu einer Ethik des Fleischverzichts*. Schriftliche Hausarbeit. Lehrstuhl für Moraltheologie. Katholisch-theologische Fakultät Universität Augsburg.

Rohwetter, Marcus (2013) „Ruft die Bullen! Die Deutsche Telekom entdeckt ein neues Geschäftsfeld: die Besamung von Milchkühen. Ein Report über die Digitalisierung der Landwirtschaft" In: *DIE ZEIT*, 25.04.2013.

Rousseau, Jean-Jaques (1963/1762) *Emil oder über die Erziehung*. Vollständige Ausg. in neuer deutscher Fassung von Josef Esterhues. Paderborn: F.Schöningh.

Ryder, Richard D. (2010/1970) „Speciesism Again: The original leaflet" In: *Critical Society Journal. 1*, Nr. 2, S. 1-2.
http://www.criticalsocietyjournal.org.uk/Archives_files/1.%20Speciesism%20Again.pdf (eingesehen am 25.07.2013)

Schmidthals, Karoline (2005) *Wie das Wissen unser Selbst formt. Der Einfluss independenten und interdependenten Selbstwissens auf die Kontextabhängigkeit mentaler Repräsentationen.* Dissertation FB Erziehungswissenschaften und Psychologie. Freie Universität Berlin.

Serpell, James (1996) *In the company of animals: a study of human-animal relationships.* Cambridge University Press: Canto.

Siebern, Werner (2011) „Plädoyer für die Jungfuchsbejagung" In: *Jäger. Zeitschrift für das Jagdrevier.*
http://www.jaegermagazin.de/revierpraxis/jagdarten/detail.php?we_objectID=4352&class=68 (eingesehen am 01.08.2013)

Singer, Isaac Bashevis (1972) *Enemies: A love story.* New York: Farrar, Straus und Girou.

Singer, Peter (1995) *Animal liberation.* 2. Aufl. London: Pimlico

Singer, Peter (2011) *Practical ethics.* 3. Aufl. Cambridge: Cambridge University Press

Sollfrank, L./Nürnberg,M (2012) „Happy End für Emil und die 83 Welpen" In: *Bild*, 11.03.2012. http://www.bild.de/news/inland/tiertransport/happy-end-fuer-emil-und-die-83-welpen-23096838.bild.html (eingesehen am 01.08.2013)

Steiger, Andreas/Camenzind, Samuel (2012) „Neue Wege des Tierschutzes in spezifischen Problemfeldern" In: *Das Tier an sich. Disziplinenübergreifende Perspektiven für neue Wege im wissensbasierten Tierschutz.* Göttingen. S. 235-375

Stibbe, A. (2001) „Language, Power and the Social Construction of Animals" In: *Society and Animals*, Bd 9, Nr. 2. Leiden: Brill. S. 145-161.

tier-im-fokus.ch (2009) *Kühe und ihre Kälber*. Info-Dossier Nr. 24. http://www.tier-im-fokus.ch/wp-content/uploads/2009/06/kuehe_kaelber.pdf (eingesehen am 01.08.2013)

Van Dijk, Teun A. (1993) „Principles of critical discourse analysis KDA" In: *Discourse and Society*. Bd. 4(2). London. Newbury Park and New Delhi: Sage. S. 352-371.

Van Dijk, Teun A. (1997) „Discourse as interaction in society" In: T. van Dijk (Hg.) *Discourse as social interaction*. London: Sage. S. 1-37.

Van Dijk, Teun (2001) „Critical Discourse Analysis" In: Tannen, D./Schiffrin, D./Hamilton, H. (Hg.) *Handbook of Discourse Analysis*. Oxford: Blackwell. S. 352-371.

Wahrig-Burfeind, Renate (Hg.) (2006) *Wahrig. Deutsches Wörterbuch*. 8. Aufl. Güthersloh/München: Wissen Media Verlag GmbH.

6.2. Textkorpus

Text (1)

Bundesministerium für Ernährung, Landwirtschaft und Verkehr: *Jagd*. http://www.bmelv.de/DE/Landwirtschaft/Wald-Jagd/Jagd-node.html (eingesehen am 01.08.2013)

Text (2)

Land Brandenburg (2012) Jagdbericht des Landes Brandenburg 2010/2011. Pressemitteilung. http://www.mil.brandenburg.de/cms/detail.php/bb1.c.281601.de (eingesehen am 01.08.2013)

Text (3)

Proviande „Schweizer Fleisch" (2013) „Vom Kalb." In: *Der Fleischmarkt im Überblick. Wissenswertes rund ums Fleisch.* Bern http://www.schweizerfleisch.ch/fileadmin/dokumente/downloads/fleischkunde/kalbfleisch/007.9013017_Bro_Kalb_A5_d_low.pdf (eingesehen am 01.08.2013)

Text (4)

Wollbrett, J. (2012) „Welpen-Drama auf der Autobahn" In: *Bild*, 02.03.2012. http://www.bild.de/news/inland/tiertransport/welpen-drama-bei-autobahn-unfall-entlarvt-22926498.bild.html (eingesehen am 01.08.2013)

Text (5)

Stockert, Yasmin (2012) „Alle wollen die süßen Hunde-Welpen" In: *Bild*, 03.03.2012. http://www.bild.de/news/inland/hund/alle-wollen-hunde-welpen-von-autobahn-22946706.bild.html (eingesehen am 01.08.2013)

Text (6)

Bildzeitung (2013) „Fäkalien auf der Fahrbahn – Polizei stoppt Tiertransporter" In: *Bild*, 23.05.2013.http://www.bild.de/regional/muenchen/muenchen-regional/faekalien-auf-der-fahrbahn-polizei-stoppt-30514390.bild.html (eingesehen am 01.08.2013)

Text (7)

Bildzeitung (2012) „Tiertransport-Anhänger kippt um - 55 Kälber tot" In: *Bild*, 23.10.2012. http://www.bild.de/regional/koeln/koeln-regional/tiertransportanhaenger-kippt-um--55-kaelber-26843350.bild.html (eingesehen am 01.08.2013)

Text (8)

Bildzeitung (2010a) „Tiertransporter gekippt - Polizisten als Cowboys" In: *Bild*, 30.12.2010. http://www.bild.de/regional/koeln/koeln-regional/tiertransporter-gekippt--polizisten-als-cowboys-15265410.bild.html (eingesehen am 01.08.2013)

Text (9)

Bildzeitung (2010b) „Sie quiekten aufgeregt, aber sie leben - zumindest bis jetzt." In: *Bild*, 25.01.2010. http://www.bild.de/news/leserreporter/niedersachsen/kippt-um-in-loxstedt-duering-11245362.bild.html (eingesehen am 01.08.2013)

7. Anhang

Text (1)

Bundesministerium für Ernährung, Landwirtschaft und Verkehr: *Jagd.* http://www.bmelv.de/DE/Landwirtschaft/Wald-Jagd/Jagd-node.html (eingesehen am 01.08.2013)

Jagd

Die natürlichen Ressourcen werden immer stärker in Anspruch genommen. Die Grenzen der ökologischen Tragfähigkeit sind in einigen Bereichen erreicht, wenn nicht überschritten. Auf der Suche nach einem Leitbild für den schonenden Umgang mit der Natur, das die Bedürfnisse der menschlichen Gesellschaft gleichermaßen mit einschließt, erfährt ein forstliches Prinzip eine ungeahnte Renaissance: Die nachhaltige Bewirtschaftung natürlicher Ressourcen.

Die Jagd stellt eine Form der Nutzung natürlicher Ressourcen dar wie Land-, Forstwirtschaft oder Fischerei. Die Nutzung von Wildtierbeständen muss sich weltweit – wie alle anderen Wirtschaftsbereiche auch – am Prinzip der Nachhaltigkeit orientieren.

Das Wild ist ein wesentlicher Faktor bei der Waldbewirtschaftung. Durch überhöhte Schalenwildbestände entstehen waldbaulich und wirtschaftlich relevante Schäden. Die Jagd muss mit den waldbaulichen Erfordernissen in Einklang stehen. Angesichts der Notwendigkeit des Waldumbaues zu stabilen und klimatoleranten Mischwäldern ist umso mehr erforderlich, „den Abschuss des Wildes so zu regeln, dass die berechtigten Ansprüche der Forstwirtschaft auf Schutz gegen Wildschäden voll gewahrt bleiben". Das ist auch so im Bundesjagdgesetz geregelt.

Text (2)

Land Brandenburg (2012) Jagdbericht des Landes Brandenburg 2010/2011. Pressemitteilung. http://www.mil.brandenburg.de/cms/detail.php/bb1.c.281601.de (eingesehen am 01.08.2013)

Jagdbericht des Landes Brandenburg

Pressemitteilung

In Brandenburg stehen für Waidfrauen und Waidmänner die Chancen weiterhin gut, jagdbares Wild anzutreffen. Trotz des hohen Jagddrucks bleiben auch die Bestände hoch.

Dies ergibt sich aus der Auswertung aller Statistiken im aktuellen Jagdbericht des Landes Brandenburg 2010/2011. Jagdjahre und demzufolge auch Jagdberichte erfassen jeweils den Zeitraum vom 1. April bis zum 31. März des Folgejahres.

Das Land Brandenburg umfasst eine Gesamtfläche von 2.948.200 Hektar. Die Gesamtgröße aller Jagdbezirke macht landesweit 2.742.658 Hektar aus, wovon allerdings nur 2.549.022 Hektar tatsächlich bejagt werden.

2010/2011 waren hier rund 16.000 Jäger – einschließlich der Jagdgäste – unterwegs.

Schalenwild

Insgesamt 164.334 Stück Schalenwild zählte im Jagdjahr 2010/2011 das landesweite Streckenergebnis. Nur in den Jagdjahren 2002 beziehungsweise 2008 war die Strecke noch höher. Die für den Berichtszeitraum relevante Rotwildstrecke ist die dritthöchste seit 1990 (8.853 Stück). Schwerpunkte sind hier Oder-Spree und Ostprignitz-Ruppin.

Das dritthöchste Jahresergebnis ergibt sich auch beim Rehwild (68.326 Stück). Die meisten Rehe wurden in den Landkreisen Uckermark und Prignitz gestreckt.

Hohe Abschusszahlen gibt es weiterhin ebenfalls beim Damwild (13.672), hier vor allem in Potsdam-Mittelmark und Oberhavel.

Das in Deutschland eingebürgerte Muffelwild wurde im Jagdjahr 2010/2011 1.179mal erlegt, immerhin ein Minus von 17 Prozent gegenüber dem Jagdjahr 2009/2010. Streckenschwerpunkte waren hier die Landkreise Oberhavel und Elbe-Elster.

Reichlich Jagderfolg legen auch die hohen Schwarzwildstrecken nahe: Mit 72.505 Stück liegt das Ergebnis zwar 20 Prozent höher als im Jagdjahr davor, die Statistik verzeichnet in Brandenburg immerhin drei Jagdjahre mit umfangreicheren Strecken. Die höchsten Werte wurden in den Landkreisen Uckermark, Oder-Spree und Potsdam-Mittelmark erzielt.

Wildunfälle

Im Berichtszeitraum sind insgesamt 11.339 Stück Schalenwild auf Brandenburgs Straßen getötet worden. Die meisten Fallzahlen meldeten die Landkreise Oberspreewald-Lausitz, Uckermark, Oder-Spree und Spree-Neiße.

Wildschäden und Verbissmonitoring

Weiterhin sind große Anstrengungen erforderlich, um die Schalenwildbestände an die für den Lebensraum Wald und für die Landwirtschaft tragbaren Wildbestandshöhen anzupassen. Landnutzer und Jäger arbeiten hierfür seit Jahren gemeinsam an Problemlösungen. Die Gesamtsumme aller Feldschäden (landwirtschaftlich-gärtnerisch) wird für das Jagdjahr 2010/2011 auf rund 1,5 Millionen Euro beziffert, Schäden im Wald schlagen mit rund 1,2 Millionen Euro zu Buche. Der ermittelte Gesamtwildschaden stieg in den Jagdjahren 2009/2010 zu 2010/2011 von rund 2,6 auf 2,7 Millionen Euro.

Seit Jahren klagen insbesondere Waldbesitzer in Brandenburg darüber, dass aufgrund der hohen Wildbestände außerhalb von teuer umzäunten Flächen Jungwald nur unter erschwerten Bedingungen nachwächst. Neben anderen Faktoren bildet deshalb der Zustand der Waldvegetation eine Grundlage für die Aufstellung von Abschussplänen. Dazu führt die Landesforstverwaltung bereits seit einigen Jahren auf den von ihr bewirtschafteten Waldflächen ein Verbissmonitoring durch. Interessierte haben die Möglichkeit, im April und Mai wieder an der Aufnahme einzelner Flächen teilzunehmen. Die dazu vom Landesbetrieb Forst Brandenburg dezentral organisierten Termine sind über das Internetangebot des Ministeriums online abrufbar.

Text (3)

Proviande „Schweizer Fleisch" (2013) „Vom Kalb." In: *Der Fleischmarkt im Überblick. Wissenswertes rund ums Fleisch.* Bern

http://www.schweizerfleisch.ch/fileadmin/dokumente/downloads/fleischkunde/kalbfleisch/Kalbfleischfarbe/Proviande_Vom_Kalb_dt.pdf (eingesehen am 08.08.2013)

(Dieser Text findet sich aus urheberrechtlichen Gründen nicht im Anhang.)

Text (4)

Wollbrett, J. (2012) „Welpen-Drama auf der Autobahn" In: *Bild*, 02.03.2012. http://www.bild.de/news/inland/tiertransport/welpen-drama-bei-autobahn-unfall-entlarvt-22926498.bild.html (eingesehen am 01.08.2013)

UNFALL ENTLARVT GRAUSAMEN TIERTRANSPORT
Welpen-Drama auf der Autobahn
Mannheim – Völlig verstört sitzen die 113 Hundewelpen in einer Notunterkunft bei der in Schifferstadt (Rheinland-Pfalz).
ES IST DAS TRAURIGE ENDE EINES DUBIOSEN TIERTRANSPORTS!
Was war passiert? Ein Slowake (40) war mit den Babyhunden (darunter Möpse, Bulldoggen, Huskyes und Bernhardiner) von der Slowakei nach Belgien unterwegs, sollte die Hunde bei Händlern in Deutschland und Belgien abliefern. Auf der A61 rutscht der 3,5 Tonnen schwere Transporter auf regennasser Fahrbahn plötzlich weg, kippt um.
Während Fahrer und Beifahrer unverletzt bleiben, werden sieben Welpen schwer verletzt, einer stirbt.
Als die Autobahnpolizei mit der Tierrettung am Unfallort ankommt, bietet sich den Einsatzkräften ein trauriges Bild: Die Welpen liegen eng aneinander in viel zu kleinen Käfigen. Aus dem Lastwagen stinkt es bestialisch nach Urin und Kot.
Das Unfassbare: Dieser Tierquäler-Transport ist legal!
Tierretter Michael Sehr zu BILD: „Ein ganz entsetzlicher Anblick! Die armen Welpen tapsten völlig traumatisiert umher, waren in einem elenden Zustand. Sie lagen in den viel zu engen Boxen regelrecht übereinandergestapelt."
Polizeisprecherin Simone Eisenbarth zu BILD: „Rein juristisch liegt keine Straftat vor, da die Tiere gültige Impfpässe und Begleitpapiere haben. Uns sind leider die Hände gebunden."
Die geretteten Welpen sollen jetzt erst mal ins Tierheim. So lange, bis entschieden ist, ob der Transport wirklich weitergehen darf.

Text (5)

Stockert, Yasmin (2012) „Alle wollen die süßen Hunde-Welpen" In: Bild, 03.03.2012.
http://www.bild.de/news/inland/hund/alle-wollen-hunde-welpen-von-autobahn-22946706.bild.html (eingesehen am 01.08.2013)

NACH DEM TIERTRANSPORT-UNFALL

Alle wollen die süßen Hunde- Welpen

Mannheim – Vier Welpen sitzen beim Tierarzt auf dem Behandlungstisch. Sie haben den Tierquäler-Transport, der auf der Autobahn bei Schifferstadt (Rheinland-Pfalz) verunglückte, überlebt.

Für zwei der 113 Welpen kam jede Hilfe zu spät. Weitere sieben wurden schwer verletzt.

WAS PASSIERT JETZT MIT DEN SÜSSEN HUNDEBABYS?

Zurzeit werden die Kleinen in mehreren Tierheimen aufgepäppelt. Die Frankenthaler Tierheim-Chefin Simone Jurijiew (36): „Alle sind mit Würmern befallen, einige haben Ohrmilben und Flöhe."

Unfassbar: Der Horror-Transport könnte schon bald weitergehen!

Sind die Tiere ordnungsgemäß geimpft und gechipt, gibt es keine Handhabe, den Transport aufzuhalten. Derzeit prüft die Polizei noch, an welche Händler die Tiere geliefert werden sollten.

In drei Tagen entscheidet die Amtstierärztin, ob der Transport weitergeht oder ob die Hunde zur Vermittlung freigegeben werden. Bis dahin werden die Welpen hier von Pflegern versorgt.

Tierheim-Chefin Simone Jurijiew: „Wir hoffen sehr, dass die Welpen hierbleiben. Dann können wir sie in liebevolle Hände vermitteln."

Anfragen gibt es bereits unzählige, alle wollen die süßen Welpen haben.

Text (6)

Bildzeitung (2013) „Fäkalien auf der Fahrbahn – Polizei stoppt Tiertransporter" In: Bild, 23.05.2013. http://www.bild.de/regional/muenchen/muenchen-regional/faekalien-auf-der-fahrbahn-polizei-stoppt-30514390.bild.html (eingesehen am 01.08.2013)

Fäkalien auf der Fahrbahn - Polizei stoppt Tiertransporter

Feilitzsch (dpa/lby) - Die Polizei hat in Oberfranken einen Tiertransporter gestoppt, der so verschmutzt war, dass die Fäkalien bereits auf die Fahrbahn liefen. Die Beamten kontrollierten den Lastwagen aus dem Landkreis Amberg-Sulzbach am Mittwoch auf der Autobahn 72 nahe Feilitzsch (Landkreis Hof), wie die Polizei am Donnerstag mitteilte. Dabei stellten sie grobe Verstöße gegen Vorschriften beim Tiertransport fest. Die 18 Rinder waren auf dem Weg in den Schlachthof. Die Ladefläche war so stark mit Kot bedeckt, dass die Fäkalien bereits seitlich auf die Fahrbahn ausliefen. Das vorgeschriebene Transport- und Desinfektionsbuch hatte der Fahrer zuletzt im August geführt. Der 52-Jährige und sein Chef werden nun wegen des Verstoßes gegen das Tierschutzgesetz angezeigt.

Text (7)

Bildzeitung (2012) „Tiertransport-Anhänger kippt um - 55 Kälber tot" In: *Bild*, 23.10.2012. http://www.bild.de/regional/koeln/koeln-regional/tiertransportanhaenger-kippt-um--55-kaelber-26843350.bild.html (eingesehen am 01.08.2013)

Tiertransport-Anhänger kippt um - 55 Kälber tot

Bad Wünnenberg/Bielefeld (dpa/lnw) - Bei einem Unfall eines Tiertransporters sind auf der Autobahn 33 bei Paderborn 55 Kälber getötet worden. Der Lastwagen mit Hänger war am Dienstag am Kreuz Wünnenberg-Haaren ins Schlingern geraten, wie die Polizei in Bielefeld mitteilte. Der mit 165 Kälbern beladene Hänger geriet auf den Grünstreifen und kippte dann quer auf die Fahrbahn. 55 Kälber kamen um - einige schon durch den Unfall, andere wurden wegen ihrer Verletzungen vom Tierarzt getötet.

Text (8)

Bildzeitung (2010a) „Tiertransporter gekippt - Polizisten als Cowboys" In: *Bild*, 30.12.2010. http://www.bild.de/regional/koeln/koeln-regional/tiertransporter-gekippt--polizisten-als-cowboys-15265410.bild.html (eingesehen am 01.08.2013)

Tiertransporter gekippt - Polizisten als Cowboys

Köln (dpa/lnw) - Kölner Polizisten haben am Donnerstag auf der Autobahn Cowboy gespielt: Auf der A1 bei Köln drängte ein Autofahrer den Wagen eines 56-Jährigen ab, der gegen eine Betonwand fuhr und sich leicht verletzte. Ein weiterer Fahrer mit einem Tiertransport- Anhänger konnte nicht ausweichen und kollidierte mit dem Unfallauto des 56-Jährigen. Dabei riss sein mit zwei Kühen beladener Anhänger ab und kippte um, wie die Polizei mitteilte. Die Polizisten konnten die Tiere auf der Fahrbahn einfangen und warteten mit ihnen bis zum Eintreffen eines Ersatztransporters am Fahrbahnrand. In Richtung Euskirchen waren Sperrung und Stau die Folge.

Text (9)

Bildzeitung (2010b) „Sie quiekten aufgeregt, aber sie leben - zumindest bis jetzt." In: *Bild*, 25.01.2010. http://www.bild.de/news/leserreporter/niedersachsen/kippt-um-in-loxstedt-duering-11245362.bild.html (eingesehen am 01.08.2013)

Sie quiekten aufgeregt, aber sie leben - zumindest bis jetzt.
In Loxstedt-Düring (Niedersachsen) kippte ein Schweinelaster auf der Fahrt zum Schlachthof um. 11 Tiere erlitten einen tödlichen Schock. 174 Schweine überlebten. Sie konnten von der Feuerwehr eingefangen werden.
Ein Sprecher: „Wir haben etwa drei Stunden gebraucht, um die Schweine in den anderen Laster zu kriegen. Das war in der Schweinekälte eine Schweinearbeit."
Was für eine Schweinerei vorm Schlachthof!
Der Fahrer des Lkw wurde leicht verletzt und konnte von Anwohnern über eine Leiter aus seiner Fahrerkabine gerettet werden. Er kam ins Krankenhaus. Sein Lkw wurde mit zwei Kränen geborgen.
Ob den Schweinen durch den Unfall der Schlachthof erspart bleibt, ist noch unklar.

Da die Tiere einen Schock erlitten, dürfen sie aus rechtlichen Gründen nicht für die Fleischherstellung geschlachtet werden. Ein Tierarzt hat jetzt das letzte Wort.